삶의 지혜와 위안을 얻는 인생의 지침서!

장자의 지혜

유인태 _ 엮음

아이템북스

머리말

장자莊子는 본명이 장주莊周로, 기원전B.C. 360년 중국의 전국시대 때 송宋나라에서 태어난 사상가로 맹자孟子와 같은 시대의 인물이다.

중국 전한前漢 시대의 역사학자 사마 천司馬遷이 지은 《사기史記》에 따르면 장자는 한때 자신이 태어난 몽蒙에서 칠원리漆園吏라는 지방관리가 되었으나 곧 그만두었다고 한다.

그 뒤로 송나라를 떠나 위나라와 초나라 등 여러 곳을 방랑하면서 자유롭게 살았다.

장자의 근본 사상은 노자老子의 무위자연無爲自然의 사상을 발전시킨 것이지만 이것이 노자로부터 어디서 어떻게 계승되었는지에 대한 기록은 없다. 다만 그의 저술활동을 살펴보면 그가 중국 역사상 가장 어려운 한문체 문장을 구사한 중국 산문의 대가였으며, 공자孔子의 사상을 강력히 반박했음을 알 수 있다.

한편, 노자가 정치적·사회적 문제를 대상으로 다룬 데 대하여, 장자는 개인의 안심입명安心立命을 문제삼았다.

장자는 대부분 우화 형식을 통해 공자의 사상을 비판했는데, 당대의 유가儒家와 묵가墨家의 학자들이 그의 날카로운 필력을 꺾지 못했을 뿐만 아니라 왕이나 제후들이 그를 등용하기를 피했으며, 장자 자신도 초나라 위왕이 제시한 재상 자리를 거절할 정도로 학문적 자유를 누리며 살았던 것으로 전해지고 있다.

오늘날 전해지고 있는 장자의 저서는 33편에 이르는 분량인데, 그가 직접 쓴 것은 15편뿐이고 나머지는 제자나 그 밖의 사람들이 가필加筆한 것으로 알려지고 있다.

그의 학문은 물物의 시비是非와 선악善惡을 초월하여 자연自然 그대로 살아가는 자연철학을 제창했다.

장자의 사상 중심에는 무無가 크게 자리잡고 있으며, 어느 것에도 의존하지 않고 영원에 머무르면서, 마음을 비워서 이해관계가 없다. 또한 정이 없어서 막힘도 없고, 이름도 없어서 명예를 구하지 않으며, 공로를 탐내지 않아서 남과 다투는 일도 없다.

그의 저서인《장자》는《노자》와 아울러 도가道家의 대표작으로 일컬어지는데, 내편內篇 7, 외편外篇 15, 잡편雜篇 11로 이루어졌으나, 이 책에서는 편을 구분하지 않고 중요한 것만 가려 뽑아서 한꺼번에 실었다.

또한 내용을 쉽게 요약해서 실었으므로 오늘을 살아가는 독자들의 길잡이가 될 것으로 믿는다.

차례

작은 안목은 큰 지혜를 놓친다

001 _ 작은 안목은 큰 지혜를 놓친다 … 12
002 _ 자신의 분수를 깨닫자 … 14
003 _ 세상의 모든 것은 나름대로 쓸 곳이 있다 … 16
004 _ 영혼이란 무엇인가 … 18
005 _ 잘 안다고 자랑하지 마라 … 20
006 _ 옳고 그름의 판단 … 22
007 _ 평범한 사람은 꿈과 현실밖에 모른다 … 24
008 _ 사소한 시비와 편견을 벗어나라 … 26

자신을 일깨워라

009 _ 죽음의 미학 … 30
010 _ 나 자신을 깊이 감싸안아라 … 32
011 _ 말이 많으면 행동도 위태로워진다 … 34
012 _ 나를 위한 지혜를 배우라 … 36
013 _ 사람을 안다는 것은 … 38
014 _ 함부로 마음을 드러내지 마라 … 40

세상을 살아가는 소중한 지혜

015 _ 세상을 살아가는 방법 … 44
016 _ 주위 사람과 조화를 이루어라 … 46
017 _ 자연의 변화에 순응하라 … 48

018 _ 사물의 조화에 나를 맡겨라 … 50
019 _ 마음을 노닐게 하는 경지 … 52
020 _ 자신을 변화하면 집착이 없어진다 … 54
021 _ 가난의 철학 … 56
022 _ 남의 민족에 관심을 버려라 … 58
023 _ 사람은 성품대로 다루어야 한다 … 60
024 _ 항상 배움에 힘써라 … 62
025 _ 사람이 다투면서 살아가는 이유 … 64
026 _ 스스로 몸을 상하게 만들지 말라 … 66
027 _ 도둑에게도 도道가 있다 … 68
028 _ 사람의 마음을 어지럽게 하지 마라 … 71
029 _ 지식과 학문에 얽매이지 마라 … 73

자연과 어울려서 살아라

030 _ 마음을 고요한 늪처럼 두어라 … 76
031 _ 잔꾀를 부리면 천성이 비뚤어진다 … 78
032 _ 자신의 어리석음을 깨달아라 … 80
033 _ 자연에도 순서가 있다 … 82
034 _ 이론보다는 현실을 중히 여기라 … 84
035 _ 세상의 모든 생명체에게는 본성이 있다 … 87
036 _ 뜻을 이룬 사람은 명예도 버린다 … 88
037 _ 명예를 탐닉하지 마라 … 90
038 _ 자연과 벗하며 살아라 … 92
039 _ 까마귀는 물들이지 않아도 까맣다 … 95

천하는 넓고 크다

040 _ 우물 안의 개구리가 되지 마라 … 100
041 _ 작은 지혜는 큰 지혜를 헤아릴 수 없다 … 102
042 _ 타고난 성품은 바꿀 수 없다 … 104
043 _ 우물 안 개구리의 세상 엿보기 … 106
044 _ 상대방을 유심히 살펴라 … 108
045 _ 사람이 산다는 것은 … 110
046 _ 세속적인 것에서 벗어나라 … 111

자신의 성품을 갈고 닦으라

047 _ 죽음은 본디 왔던 곳으로 되돌아가는 것이다 … 114
048 _ 생명은 티끌이나 몸의 때와 같다 … 116
049 _ 죽음의 세계 … 117
050 _ 모든 일은 적성에 맞아야 한다 … 119
051 _ 모든 일에 정신을 집중하라 … 121
052 _ 사물의 한가운데에 서서 중심을 잡아라 … 123
053 _ 상대의 처지를 바꾸어 생각하라 … 125
054 _ 온전한 덕을 갖추어라 … 127
055 _ 자신의 본성을 갈고 닦으라 … 129

마음을 비워라

056 _ 자신의 지혜를 뽐내지 마 … 132
057 _ 속세에서 살려거든 속세와 어울려라 … 134
058 _ 권력에 대한 집착을 버려라 … 136
059 _ 마음을 비우라 … 138
060 _ 사람은 때를 잘 만나야 한다 … 140
061 _ 자연의 변화에 따르라 … 142
062 _ 대도大道를 걸어야 화를 면할 수 있다 … 144

대자연의 진리

063 _ 온전한 덕을 갖춘 사람 … 148
064 _ 군자는 군자를 알아본다 … 150
065 _ 변화하는 현실 속에 참된 도가 있다 … 152
066 _ 대자연의 조화는 아무도 모른다 … 154
067 _ 세속적인 이해와 득실을 따지지 마라 … 156
068 _ 옷차림으로 상대를 판단하지 마라 … 158
069 _ 대자연의 진리 … 160
070 _ 두려움에 떨지 마라 … 162
071 _ 군자의 마음은 아무도 움직이지 못한다 … 164
072 _ 지도자의 덕목 … 166

한 가지 일에만 전념하라

073 _ 도道란 무엇인가 … 170
074 _ 자연의 법칙에 순응하라 … 172
075 _ 도는 어느 것에도 다 있다 … 174
076 _ 도는 보이지 않는다 … 175
077 _ 공간은 말이 없다 … 176
078 _ 한 가지 일에만 전념하라 … 177
079 _ 천지는 처음도 끝도 없다 … 179

대자연의 진리에 거슬리지 마라

080 _ 운명을 순순히 받아들이라 … 182
081 _ 만물은 스스로 태어난다 … 184
082 _ 세 가지 근심 … 187
083 _ 이 세상에는 그 어느 것 하나 저절로 되는 것이 없다 … 189
084 _ 타고난 본성 … 192
085 _ 대자연의 진리에 거슬리지 마라 … 193
086 _ 자연의 물결에 몸을 맡기라 … 194
087 _ 세상의 진리는 누구에게나 평등하다 … 196
088 _ 삶은 존재의 한 형태이다 … 198
089 _ 욕심이 앞서면 행동도 앞선다 … 200
090 _ 마음을 자연에 맡기라 … 202
091 _ 상대의 뜻을 잘 살피라 … 204
092 _ 나보다 못한 사람을 불쌍히 여기라 … 207
093 _ 본성本性을 지키라 … 209

094 _ 자신의 주장만 내세우지 마라 … 211

095 _ 상대가 없으면 외롭다 … 214

096 _ 자연은 만물을 공평하게 대한다 … 216

학의 다리가 길다고 자르지 마라

097 _ 교만함을 버려라 … 220

098 _ 남에게 베풀어라 … 221

099 _ 하늘이 내리는 벌 … 222

100 _ 학의 다리가 길다고 자르지 마라 … 224

101 _ 자신의 주관이 뚜렷해야 한다 … 226

102 _ 세상의 사물에 홀리지 마라 … 227

103 _ 우주의 법칙 … 229

104 _ 말[言]을 다스려라 … 231

105 _ 달팽이 뿔 위의 싸움 … 233

세상을 의식하고 행동하지 마라

106 _ 천성을 해치는 잡초를 만들지 마라 … 236

107 _ 억압은 화를 부른다 … 238

108 _ 세상의 여론 … 240

109 _ 자연의 변화는 되풀이 된다 … 242

110 _ 인간의 작은 지혜로 대자연을 논하지 마라 … 243

111 _ 욕심은 몸과 마음을 불태워 버린다 … 245

112 _ 모든 것은 필요할 때 써야 한다 … 247

차례

113 _ 인간의 어리석음 … 248
114 _ 큰 물고기는 큰 바다에서 살아야 한다 … 249
115 _ 쓸 데가 없는 것이라도 쓸 데가 있다 … 250
116 _ 훌륭한 사람은 부족한 것처럼 보인다 … 251
117 _ 세상을 의식하고 행동하지 마라 … 253
118 _ 작은 지혜를 버리면 큰 지혜가 떠오른다 … 255
119 _ 자연대로 살아라 … 256
120 _ 목숨은 나라보다도 귀하다 … 258
121 _ 본성에 어긋나면 다치지 않는 것이 없다 … 260
122 _ 하늘의 지혜는 아무도 따르지 못한다 … 262
123 _ 지혜가 있는 사람은 일을 꾀한다 … 263
124 _ 임금이라고 백성을 함부로 해쳐서는 안 된다 … 266
125 _ 운명은 하늘에 의해 정해졌다 … 267
126 _ 남의 의견을 존중하라 … 269
127 _ 천지는 위대한 것이나 … 271
128 _ 삶이 있으면 죽음이 있다 … 273
129 _ 도에 따라서 행동하면 큰 명성이 따른다 … 275
130 _ 백성들에게 거짓을 배우게 해서는 안 된다 … 277
131 _ 명분이 없는 상은 받을 필요가 없다 … 279
132 _ 성인은 가볍게 움직이지 않는다 … 281
133 _ 사람의 판단은 상대적이다 … 283
134 _ 도를 얻는 사람과 세속적인 사람 … 285

【 작은 안목은 큰 지혜를 놓친다 】

작은 안목은 큰 지혜를 놓친다

∷ 작은 눈으로는 큰 눈이 보고 깨닫는 지혜를 따르지 못한다

북쪽의 큰 바다에 사는 곤鯤이라는 물고기가 있으니 그 크기가 몇천 리나 되는지 알 수가 없다. 그 곤이 새로 변한 것을 붕鵬이라고 하는데, 붕 또한 등의 넓이가 몇 천 리가 되는지 알 수가 없으며, 한 번 성을 내어 날개를 펴고 날아오르면 그 날개가 마치 하늘을 가린 구름과 같다.

한편, 남쪽에 있는 큰 바다를 천지天池라고 하는데, 이 붕이 천지에 날아가려고 날개를 활짝 펼쳐서 3천 리나 되는 수면을 치면 붕의 몸은 바람을 타고 9만 리나 되는 높이까지 솟구치고, 6개월 동안이나 한 번도 쉬지 않고 날아갈 수 있다.

매미와 비둘기가 그 말을 듣고 비웃었다.

"우리들이야 느릅나무에서 박달나무까지 날아가는 것으로 만족하고, 갈대밭 위를 몇 바퀴 빙빙 돌다가 다시 내려앉으면 그것으로 끝난다. 날개를 가지고 태어나서 그 정도 날아 보았다면 세상에 태어난 보람이 있지 않겠는가? 그런데 어째서 저토록 큰 몸을 가진 붕은 그렇게 먼 천지까지 날아가는 것이며, 거기에 이르러 무엇을 하려고 그러는가?"

하루 여행을 떠나는 사람은 밥을 한 그릇 든든하게 먹으면 그만이지만, 백 리 여행을 떠나는 사람은 도시락을 넉넉히 마련해야 하고, 천 리 여행을 하는 사람은 적어도 석 달치의 음식을 마련해야 한다.

하지만 매미와 비둘기가 그 까닭을 어떻게 알겠는가. 작은 눈으로는 큰 눈이 보고 깨닫는 지혜를 따르지는 못한다. 아침 한나절만 사는 버섯은 밤이라는 것이 무엇인지 모르고, 여름 한철만 살다가 죽는 매미는 겨울이라는 것을 상상도 하지 못한다.

중국의 요堯나라 임금의 신하였던 팽조라는 사람은 8백 년을 살았다고 해서 사람들이 모두 그가 오래 사는 것을 부러워했다. 그러나 옛날에 한 참죽나무는 봄과 가을을 8천 번이나 보낼 만큼 오래 버티고 살았다. 오래 사는 것으로 따지자면 어느 것이 감히 참죽나무를 따를 수가 있겠는가.

자신의 분수를 깨닫자

:: 명예란 오직 그림자에 지나지 않는다

중국의 요堯나라 임금이 허유許由라는 사람에게 천하를 물려주겠다면서 이렇게 말했다.

"과인은 지금까지 천하를 잘못 다스렸소. 대낮에 횃불을 켰고, 비가 오는데 밭에 물을 주는 헛수고를 하기만 했소. 그대가 임금이 되면 천하를 잘 다스릴 텐데, 아직도 과인이 이 자리에 앉아 있는 것이 부끄럽기만 하오. 과인은 책임을 크게 느끼고 이 자리에서 물러나려고 하니 그대가 대신 임금이 되어 천하를 다스려 주시오."

그 말을 들은 허유는 고개를 가로저으며 임금에게 말했다.

"폐하께서는 지금까지 나라를 잘 다스려 왔습니다. 그런데 제가 어찌 감히 폐하를 대신하여 나라를 다스리겠습니까? 폐하께서 저더러 임금이 되라는 것은 다만 저의 명예를 위해서 그러시는 것이나 다름없습니다. 그래서 그 자리를 더욱 사양하겠습니다. 명예라는 것

은 오직 그림자에 지나지 않을 뿐인데 어찌 그런 그림자를 위해서 제가 몸과 마음을 바치겠습니까? 뱁새는 큰 숲 속에 보금자리를 만들기 위해 고작 나뭇가지 하나를 차지할 뿐이고, 수달은 목이 마르면 강물을 마셔도 고작 자기 배를 채울 양밖에는 마시지 못하는 법입니다. 그런즉 이 한 몸을 위해서 어찌 천하가 필요하겠습니까? 요리사가 제사에 쓸 음식을 만들지 못한다고 해서 귀신이나 제주祭主가 대신 그 음식을 만들 수는 없는 것입니다."

세상의 모든 것은 나름대로 쓸 곳이 있다

:: 이 세상에는 쓸모없는 것은 존재하지 않는다

어떤 사람에게 아주 필요한 것이 다른 사람에게는 아무짝에도 쓸 모없을 때가 있다. 그렇게 쓸모라는 것은 자기를 위해서 있는 것이다. 그 점에서 장자莊子는 자기 자신과 사물의 양쪽에서 쓰임새를 잘 살펴보고 있다.

어느 날, 전국시대의 정치가이자 사상가인 혜자惠子가 장자를 만나서 말했다.

"위魏나라 왕이 큰 박씨 하나를 주어서 심었더니 쌀 다섯 섬을 담아도 충분할 정도로 큰 박이 열렸네. 그래서 그 박 속에 책장을 넣을까 했더니 너무 무거워서 들 수가 없을 것 같고, 바가지로 쓰려고 둘로 쪼갰더니 너무 넓어서 쓸모가 없었다네. 그래서 깨뜨려 버리고 말았네."

그러자 장자가 아깝다는 듯이 혜자에게 말했다.

"그렇게 큰 박이라면 강이나 호수에 한 번 띄워 볼 일이지 어째서 깨뜨려 버렸나?"

그 말을 듣고 혜자가 웃으면서 말했다.

"큰 가죽나무는 옹이가 많고 뒤틀려서 목재로 쓸 수가 없어서 길가에 자라고 있어도 목수들이 베어 갈 생각을 하지 않는다네. 지금 자네가 나한테 한 충고 역시 박이나 가죽나무처럼 아무짝에도 쓸모가 없는 말이니 사람들이 자네 말이 옳다고 믿겠는가?"

그러자 장자가 대답했다.

"자네는 몸을 웅크리고 먹이를 노리는 살쾡이를 본 적이 있는가? 그 살쾡이는 땅에 납작하게 엎드려서 먹이를 노리고 있다가 먹이가 나타나면 높은 곳이나 낮은 곳을 가리지 않고 덤비다가 결국은 덫이나 그물에 걸려 죽는다네. 또한, 구름을 가릴 정도로 큰 들소는 큰 일을 할 수 있으나 쥐는 한 마리도 잡을 수가 없네. 자네는 커다란 가죽나무가 쓸 곳이 없다고 걱정이지만 그 나무를 넓은 들판에 옮겨 심어 두고 그 밑에서 산책을 하기도 하고 드러눕기도 할 수 있다는 생각은 왜 하지 못하는가. 그 나무가 그런 곳에 있다면 베어 낼 필요도 없고, 쓸모가 없다고 자네가 괴로워해야 할 이유도 없을 것이야."

영혼이란 무엇인가

:: 영혼은 어떻게 생겼으며 어디로 가는지 알 수 없다

영혼이란 우리가 잠을 자고 있거나 깨어 있거나 우리 몸을 다스리고 있다. 그러나 영혼이란 가을이나 겨울의 햇살처럼 점점 그 뜨거움이 약해져 가고 예전처럼 활기를 다시 찾지 못하여 끝내는 오래 된 시궁창처럼 막혀서 마음의 빛을 다시 보지 못한다.

사람에게는 기쁨과 슬픔, 분노와 근심, 변덕과 두려움, 허세 등 온갖 감정이 있어서, 마치 피리의 빈 구멍에서 소리가 나오고 축축한 곳에서 버섯이 자라나듯, 그때그때마다 감정이 생겨나고 있다. 그런데도 그것들이 도대체 어디서 나오는지는 알 수가 없으며, 그런 감정이 없으면 내가 없고, 내가 없으면 그것들을 느낄 수가 없다.

그처럼 감정과 나는 가까운 관계인데도 나는 그런 감정이 어디서 왜 나오는지조차 모르고 있다. 누가 시킨 것인지, 누구의 명령을 받고 이 세상에 살고 있는지, 왜 사람은 살아야 하는지, 살아야 하는 이유와 실마리를 밝혀내지 못한 채 살고 있다. 그렇다면 이 세상에서 그것을 아는 사람은 누구인가?

우리는 영혼의 모습을 본 적이 없지만, 그것이 현실적으로 우리들의 삶에 영향을 미치고 있다는 것을 잘 안다. 그리고 그 사실은 정말 놀랍다. 사람의 몸은 백 개의 뼈와 아홉 개의 구멍과 다섯 개의 장기로 이루어져 있는데, 그 중 어느 한 부분이라도 소중하지 않은 것이 없다.

우리 몸을 다스리고 조절하는 영혼도 보이지는 않지만 어딘가에 있음이 틀림없다. 우리가 영혼을 볼 수 있거나 없거나 그 자체는 아무런 관계가 없다. 우리의 영혼은 한번 존재하면 사라질 때까지 계속 활동하며, 그 힘든 삶의 고통을 겪으면서도 멈추지 않는다.

그런 생각을 하면 슬픈 느낌이 든다. 우리는 한평생을 힘들게 살다가 목적했던 뜻도 모두 이루지 못하고 끝내는 지치고 쇠약해져서 어디론가 떠나야 하는 것이 애처롭기만 하다.

어떤 사람은 죽음이란 없다고 하고, 인간은 영원히 산다고 말하기도 하지만, 사람이 어떤 방법으로 영원히 산다고 말하는지 모르겠다. 육체는 썩어 없어져도 영혼은 어디론가 간다고 하는데, 어디로 가는지 모르니 어찌 슬픈 일이 아닌가. 그것을 오직 나만 바보라서 모르는 것인지, 아니면 다른 사람들도 모두 바보라서 모르고 있는지 알 수가 없는 노릇이다.

잘 안다고 자랑하지 마라

∷ 무엇을 안다는 것은 자신의 판단에 따른 결과일 뿐이다

내가 무엇을 안다고 하는 것은 내가 사물을 보는 눈이나 지식, 방식과 경험에 의해서 안다고 하는 것이다. 따라서 내가 참으로 바르게 무엇을 안다고 말할 자신이 있겠는가? 습기로 인해 눅눅한 곳에서 잠을 자면 병이 들어 몸이 아프게 되고 마침내는 죽음에까지 이른다고 사람들은 말한다. 그렇다면 미꾸라지도 그런가? 미꾸라지에게는 그 말이 해당되지 않는다.

높은 나무에 올라가면 몹시 무서워서 몸이 떨린다고 하는데, 원숭이도 그런가? 아니다. 원숭이는 나무에 올라가도 무서워하기는커녕 오히려 좋아한다. 따라서 눅눅한 곳과 나무 위를 두고 어느 곳이 가장 살기 좋으냐고 물으면 사람과 미꾸라지와 원숭이의 대답은 서로 다르다.

무엇을 먹으면 가장 좋을까 생각해 본다. 사람은 소와 돼지를 잡아

먹는데, 순록과 사슴은 풀을 뜯어먹고, 지네는 뱀을 잡아먹고, 솔개나 독수리는 뱀이나 들쥐를 잡아먹는다. 그런데 소·돼지·풀·들쥐 중에서 어느 것이 가장 맛있느냐고 물으면 각각 다른 말을 한다.

전국시대 월越나라 왕의 애첩이었던 모장과 춘추시대 진晉나라 헌공의 아름다운 시녀 여희麗姬는 모든 사람들이 미녀로 손꼽고 있지만 물고기는 그들이 나타나면 놀라서 숨고, 새들은 그들을 보면 멀리 날아가며, 사슴들은 달아났다고 한다.

그런데 사람과 원숭이와 사슴과 미꾸라지에게 어느 것이 세상에서 가장 아름다우며 짝을 이루고 싶으냐고 묻는다면 각각 어느 것을 선택하겠는가.

원숭이·사슴·미꾸라지뿐만이 아니라 사람들도 각자 개성과 취향에 따라 살고 싶은 곳이 다르고, 좋아하는 음식도 다르며, 사랑의 대상도 제 눈에 맞는 사람을 고른다. 그런데 어느 누가 무엇을 어떻게 잘 안다고 떳떳하게 말할 수 있겠는가? 그가 안다는 것은 오직 자기 자신뿐인데, 어쩌면 자기 자신도 정말 안다고 말할 수 없다.

무엇을 안다는 것은 결국 자신이 판단한 결과일 뿐이다. 그러므로 무엇을 안다고 떳떳하게 말할 수 있는 사람은 하나도 없다.

006

옳고 그름의 판단

:: 기쁨이나 슬픔은 내 마음 갖기에 달려 있다

　진나라 헌공의 아름다운 시녀 여희는 애(艾)나라의 국경을 지키는 관리의 딸이었다. 그녀는 헌공의 눈에 들어 진나라에 갔을 때 고향을 떠난 슬픔에 못 이겨 옷깃이 젖도록 울었다.
　그러나 헌공의 애첩이 되어 왕과 잠자리를 같이하고 맛있는 음식과 고운 비단옷을 입은 후로는
"이렇게 좋은데 그 때 내가 왜 울었지?"
하고 전에 울었던 일을 후회했다고 한다.
　사람의 변덕이 이렇다면, 죽음을 당하면서 살려 달라고 그토록 통사정하던 사람도 죽은 후에는 너무 행복해서
"이렇게 행복한데 내가 왜 그토록 살기를 바랐다는 말인가?"
하고 후회할지도 모르는 일이 아니겠는가?
　내가 친구와 말다툼을 해서 이겼다면 나는 옳고 친구는 그른 것인

가? 또 내가 지고 친구가 이겼다면 나는 그르고 친구는 옳다는 말인가? 옳고 그름이 싸워서 이기고 진 사람의 몫이란 말인가? 나와 친구가 서로 무엇이 옳은지 모른다면 제3자는 과연 옳고 그름을 가릴 수 있다는 말인가? 아니라면 누구에게 그것을 바로잡아 달라고 할 수 있겠는가?

나와 뜻이 같은 친구에게 그것을 바로잡아 달라고 한다면 어떻게 바로잡을 수 있으며, 나와 뜻이 다른 친구에게 그것을 바로잡아 달라고 한다면 과연 바로잡을 수 있겠는가? 또한 두 사람의 의견이 같거나 다르다면, 또 누구에게 그것을 바로잡아 달라고 부탁할 수 있겠는가.

옳다는 것과 그르다는 것, 또한 그렇다는 것과 그렇지 않다는 것은 서로 맞서 싸워서 어느 것이 이기고 지든, 그것으로는 옳고 그름을 판단할 길이 없다. 그래서 그것을 자연의 이치와 조화에 맡기고, 무한의 경지에 맡겨 둘 수밖에 없는 것이 아니겠는가.

평범한 사람은 꿈과 현실밖에 모른다

∷ 도를 환히 깨달은 사람은 모든 것이 하나로 통한다

어느 날, 그림자 옆에 생기는 얇은 그림자가 그림자에게 물었다.

"아까는 자네가 걸어다니더니 지금은 서 있네. 또 아까는 자네가 서 있더니 지금은 앉아 있으니, 자네는 왜 그토록 지조가 없는가?"

그러자 그림자가 대답했다.

"내가 기대고 있는 것이 있기 때문이네. 또 내가 기대고 있는 것 또한 기대고 있는 것이 있다네. 게다가 내가 기대고 있는 것은 뱀의 비늘이나 매미의 날개 같아서 잠시도 가만히 있지 못하고 있네. 왜 그런지 그 까닭을 과연 누가 알겠는가?"

이 세상에 있는 것은 모두 스스로 있고, 스스로 없어지는 것이어서 실재도 없고, 그림자도 없고, 그림자 옆에 생기는 얇은 그림자도 없다. 다만 스스로 있고 스스로 변하는 것이므로 원인과 결과의 관계도 없고, 서로 기대고 또 기대는 것도 없다. 전에 장주莊周라는 사람

이 있었는데 그는 꿈에서 나비가 되어 훨훨 날아가는 꿈을 꾸었다. 자기가 틀림없는 나비였다. 장주는 마음대로 하늘을 나는 것이 너무 기뻐서 자신이 장주라는 것을 잊고 나비로 알고 있었다.

그러나 잠시 후 꿈에서 깨어나 보니 자신은 나비가 아니라 틀림없는 장주라는 사람이었다. 장주는 꿈에 자기가 나비가 된 것인지, 아니면 나비가 자신이 된 것인지 알 수가 없었다.

평범한 사람은 꿈과 현실, 나와 나비를 구별하지만 도를 깨친 사람은 그런 구별이 없다. 그래서 크고 작음도 없고, 아름다움과 더러움도 없고, 길고 짧음도 없다. 모든 참된 도는 저것과 이것의 구별이 없이 모든 것이 하나로 통한다.

그래서 모든 가치의 대립이 하나로 보이기 때문에 꿈도 현실이고 현실도 꿈이 되며, 나도 나비가 되고 나비도 내가 된다. 이런 경지에 이르러야 참된 우주의 실체와 진리와 도를 깨달아 얻을 수 있다.

008

사소한 시비와 편견을 벗어나라

∷ 한쪽으로 치우친 생각은 자신을 망하게 한다

사람의 말은 단순히 목구멍을 통해서 나오는 소리가 아니라 개개인의 뜻을 나타내는 것이다. 그런데 사람마다 말이 똑같지 않다. 그것은 사람마다 서로 자기 입장에서 말하기 때문에 다른 것이다. 우리가 새의 지저귐을 듣고 다른지 같은지 알 수 있는가? 새가 옳은 말을 하는지 그른 말을 하는지 알 수가 없기 때문에 똑같이 들리는 것이다. 거기에는 한쪽으로 치우치는 생각이 없기 때문에 똑같은 지저귐으로 들릴 뿐이다.

도道는 모든 사람들에게 똑같은데 사람들은 도에 참된 도와 그릇된 도가 있다고 말한다. 또 말에도 옳은 말과 그른 말이 있다고 생각한다. 도는 사람들이 잘못 이해하기 때문에 참과 거짓이 분명하지 않고, 말은 화려한 수식어로 거짓 꾸미고 있기 때문에 옳고 그름이 가려지는 법이다.

이 세상의 만물은 혼자서 저절로 존재하지 못한다. 이것은 저것에 기대어 있고, 저것 또한 이것에 기대고 있기 때문이다. 삶은 죽음이 있기 때문에 더불어 있는 것이고, 죽음은 삶이 있기에 더불어 있는 것이다. 삶과 죽음은 이렇게 깊은 관계가 있다. 그래서 이것은 저것에서 비롯되었고, 저것은 이것에서 비롯되었다고 말한다.

사물들은 서로 갈라놓을 수가 없기 때문에 삶이 좋고 죽음은 나쁘며, 죽음은 좋고 삶이 나쁘다고 말할 수 없는 것이다 그런데 삶 쪽에 있는 사람들은 죽음을 받아들이지 않고, 죽음 쪽에 있는 사람은 삶을 받아들이지 않는다 자기 쪽에서 판단한 것이다. 따라서 어떤 일에도 잘잘못을 따지자면 한이 없다.

원숭이를 기르는 노인이 원숭이들에게 도토리를 먹이로 주면서,
"아침에 세 개를 주고, 저녁에 네 개를 주겠다."

고 말했더니 원숭이들이 모두 화를 냈다.

그래서 노인이

"그럼 아침에 네 개를 주고, 저녁에 세 개를 주겠다."

고 말했더니 모두들 기뻐했다.

하루에 일곱 개를 먹는 것은 똑같은데 원숭이들이 기뻐하거나 화를 낸 것은 주관적인 판단을 했기 때문이다. 이렇게 시비가 생겨나면 도가 무너지고, 도가 무너지면서 편견이 생긴다.

그렇다면 본디 참됨이나 거짓됨이 없는 도에 왜 진짜와 가짜가 생기는가? 그리고 본디 옳고 그름이 없는 말에서 왜 시비가 생기는가? 그것은 도가 무너져서 편견이 생겼기 때문에 참과 거짓의 대립이 생긴 것이고, 본디 모두 옳은 말이 인간의 겉치레 문화에 의해 시비가 생긴 것이다.

따라서 이것이나 저것은 편견, 즉 사물을 한쪽으로 치우쳐 생각해서 생기는 시비일 뿐, 절대자의 입장에서 보면 똑같은 것이다. 따라서 한쪽으로 치우쳐 생각함을 벗어나지 못하면 도를 얻을 수 없고, 성인聖人도 될 수 없다. 사람은 시비와 편견을 벗어나야 도를 깨달을 수 있다.

【 자신을 일깨워라 】

죽음의 미학

:: 죽음은 하늘의 속박에서 자유롭게 벗어나는 길이다

　노자가 세상을 떠났을 때 그의 친구 진일이 초상집에 가서 예의를 갖추면서 곡을 딱 세 번만 하고 나왔다. 사람들은 보통 친척이나 가까운 친구를 조문할 때는 살아 있을 때의 우의와 정을 안타깝게 여겨 오랫동안 슬픔을 드러내는 것이 보통이지만 노자의 친구 진일은 웬일인지 조의를 너무 짧게 나타내고 나왔던 것이다.
　그러자 진일의 제자가 스승에게 물었다.
　"스승님과 노자는 가까운 벗이 아니었습니까?"
　"분명히 나와 친한 벗이었지."
　"그렇다면 어째서 그렇게 간단히 조문을 하십니까?"
　그러자 진일이 제자에게 말했다.
　"처음에는 나도 그가 훌륭한 사람이라고 여겼는데, 지금 보니 그게 아니었다. 초상집에서 보니 노인들은 마치 자기 자식을 잃은 것

처럼 슬프게 곡을 하고, 젊은이는 마치 자기 부모가 돌아간 듯이 곡을 하고 있었다. 그가 살아 있을 때 자기가 죽으면 그렇게 울어 달라고 부탁한 것은 아니겠으나, 그렇게 하도록 만들었기 때문이다. 그런 일은 하늘의 뜻을 어긴 일이고, 자연의 뜻과 타고난 본분을 잊은 일이어서 죄에 해당한다. 그는 이 세상에서 살 만큼 살았기에 죽은 것이 아니겠느냐. 죽음이란 사람이 하늘의 뜻을 다한 후에 자연의 도리에 따르는 것뿐이다. 거기에 어찌 슬픔과 기쁨이 스며들 수 있겠느냐. 옛날에는 죽는 일을 하늘의 속박에서 풀려나서 자유롭게 되었다는 뜻으로 여겼다."

나 자신을 깊이 감싸안아라

∴ 도를 깨달은 뒤에는 죽음과 삶의 경지를 초월할 수 있다

도를 깨친 남백자규南伯子葵가 옛 현인인 여우女偶에게 물었다.

"선생님은 나이가 많으신데 어찌 겉모습은 어린아이 같습니까? 무슨 비결이라도 있습니까?"

그러자 여우가 대답했다.

"도를 깨달았기 때문이지요."

"그렇다면 그 도를 저에게도 가르쳐 주십시오."

남백자규가 부탁하자 여우는 다음과 같이 말했다.

"내 생각에 당신은 도를 배우기가 어려울 것입니다. 옛 현인 복량의卜梁倚는 성인이 될 수 있는 소질이 있었으나 성인의 도를 지니지 못했습니다. 나는 그와 반대로 성인의 도를 지니고 있지만 본디 성인이 될 소질이 없었습니다. 그래서 내가 복량의를 제자로 삼은 후에는 그를 가르쳐서 과연 성인으로 만들 수 있을까 걱정했습니다.

 그러나 내가 도를 가르친 지 3일 만에 그는 이미 천하를 뛰어넘었고, 7일 만에 사물을 뛰어넘었으며, 9일 만에 삶을 뛰어넘었습니다. 그 뒤에는 해가 새벽의 어둠을 꿰뚫는 것처럼 밝고 큰 깨달음의 상태에 이를 수 있었습니다. 그리고는 절대진리에 눈을 떴으며, 시간을 잊고, 죽음과 삶의 경지를 뛰어넘었습니다."

 "선생님께서는 그런 도를 어떻게 배우셨습니까?"

 "나는 도를 문헌에서 배웠고, 문헌은 읽어서 깨닫는 것으로부터 배웠고, 깨닫는 것은 밝게 이해하는 것으로 배웠고, 이해하는 것은 입으로 속삭여 마음으로 깨닫는 것으로 배웠고, 마음으로 깨닫는 것은 실천해서 행동에 옮김으로써 배웠고, 실천하고 행동하는 것은 감탄함으로써 배웠고, 감탄하는 것은 진리와 까마득하게 합친다는 뜻으로 배웠으며, 그것은 또한 조용하고 그윽하다고 배웠습니다. 그리고 우주의 근원에 견주어 나 자신을 깊게 감싸안은 단계까지 모두 거쳐서 경험을 얻은 뒤에야 비로소 도를 배울 수 있었습니다."

말이 많으면 행동도 위태로워진다

∷ 오직 진실만을 말하고 지나친 말은 삼가야 한다

중국 춘추시대 때 초楚나라의 대부인 심제량沈諸梁이 사신으로 제齊나라로 떠날 때 공자가 그 나라에 가서 지켜야 할 몇 가지에 대해서 충고하였다.

"신하가 왕을 잘 모시는 일과 자식이 부모를 잘 모시는 일은 이 세상에서 피할 수 없는 운명입니다. 자식은 부모를 편하게 모시는 것이 가장 큰 효도이며, 신하는 왕을 편안하게 모시는 것이 가장 큰 충성이지요. 또한 자기 자신에게 충실한 사람은 큰 슬픔이나 기쁨에도 사로잡혀서는 안 됩니다. 그러나 이것도 안 되고 저것도 안 된다는 것을 알았을 때 그것을 운명으로 알고 마음을 편하게 가지는 사람이 덕이 있는 사람입니다. 가까운 사람과는 반드시 믿고 살아야 하지만, 멀리 떨어져 있는 사람과도 반드시 말로나마 성의를 나타내야 합니다. 친하게 지내는 두 사람 사이에 좋은 일로 서로 기뻐할 때나

 나쁜 일로 서로 불편한 사이가 되었을 때는 애써 조심해야 합니다. 왜냐하면 서로 잘 지낼 때는 상대방을 지나치게 칭찬하게 되지만 상황이 나빠지면 서로를 지나치게 비난하기 때문입니다. 지나친 것은 항상 믿음을 잃게 합니다. 그래서 옛말에도 '오직 진실만을 말하고 지나친 말은 삼가야 몸이 안전하다' 라고 말했습니다. 또한 다른 사람에게 요령이나 잔꾀를 부리면 처음에는 그것이 잘 통하겠지만 갈수록 수법이 드러나면서 끝내는 믿음마저 잃게 됩니다. 너무 잘해 보려고 열심히 하다 보면 늘 잔꾀를 부리기 때문입니다. 처음에 술을 마실 때는 누구나 예의를 지키지만 술이 취하면 예의가 사라집니다. 누구나 처음으로 사귈 때에는 점잖지만 친해지면 흉허물이 없게 되고, 처음에는 간단하지만 점차 크고 복잡하게 얽히는 법입니다. 말이 다툼을 만들면 행동도 위태로워집니다. 상대의 말과 행동에 화가 나는 것은 그 속에 속임수와 교활함이 들어 있기 때문이지요. 짐승이 죽을 때는 성질이 사나워져서 아무 소리나 지르는 것처럼, 사람도 정도가 넘치면 반드시 나쁜 마음으로 맞서게 됩니다."

나를 위한 지혜를 배우라

∷ 모든 사물은 나름대로 가치를 지니고 있다

한 목수가 제나라로 가다가 곡원에서 큰 참나무를 보았다. 그 나무는 수천 마리의 소를 그늘 속으로 넣을 수 있고, 나뭇가지 하나로 배를 만들 수 있을 만큼 컸다.

이에 목수의 제자들이 스승에게 달려가 물었다.

"저희가 도끼를 메고 스승을 따라다닌 후로 이렇게 크고 좋은 나무를 본 적이 없는데, 스승님께서는 왜 저 나무를 모른 척하십니까?"

그러자 목수가 말했다.

"저 나무로 배를 만들면 가라앉고, 관을 만들면 곧 썩을 것이며, 그릇을 만들면 쉽게 깨어질 것이고, 문을 만들면 송진이 흐를 것이며, 기둥을 만들면 좀이 빨리 먹을 것이다. 그러니 그 나무야말로 재목이 될 수 없고, 재목이 될 수 없었으니 저렇게 크게 자란 것이다."

목수의 말에 제자들이 고개를 끄덕였다.

그날 밤, 목수가 집에 돌아와 잠을 잘 때 그 참나무가 꿈에 나타나서 목수에게 말했다.

"너는 어찌하여 나를 업신여기느냐? 아가위나무·배나무·귤나무·유자나무는 열매가 익으면 사람들이 금세 따고, 큰 가지는 꺾이고 작은 가지는 잘린다. 그것은 그 나무들이 사람들에게 이롭기 때문에 당하는 고통스러운 운명이다. 그래서 그 나무들은 생명을 오래 지탱하지 못하고 일찍 죽게 된다. 어느 나무나 다 그렇다. 그렇지만 나는 사람들에게 쓸모없는 나무가 되기를 오랫동안 바랐다. 그래서 몇 번의 죽을 고비를 넘기고 이제야 겨우 내가 원하던 목적을 이루었기에 이렇게 큰 나무로 살아 남은 것이다. 그 이유는 내 자신을 위해 좀더 유용하게 쓰려고 했기 때문이다. 만일 내가 사람들에게 쓸모가 있었던들 이렇게 자랄 수가 있었겠는가? 꽃은 아름다울수록 빨리 꺾이고, 나무는 곧을수록 빨리 베어진다는 것을 왜 모르는가. 세상 사람들은 그것도 모르고 남보다 뛰어나려고 욕심과 허세를 부리다가 제 명을 못 누리고 세상을 일찍 떠난다. 속세에서 쓸모없음이야말로 세상을 초월한 사람이 살아가는 처세의 지혜이다. 너나 나나 세상에서 살아가고 있는 한 가지 사물에 지나지 않을진대 왜 너는 나만 쓸모없는 존재라고 말하는가? 게다가 죽어 가는 네놈보다 더 오래 살아 있게 될 나의 참된 가치를 어찌 안다고 함부로 입을 놀리고 있단 말이냐?"

사람을 안다는 것은

∴ 죽음과 삶은 나의 운명이며 밤과 아침이 변함없는 것은 하늘의 뜻이다

하늘을 알고 사람을 아는 자는 진인이다. 하늘을 안다는 것은 곧 자연을 따라 산다는 뜻이며, 사람을 안다는 것은 지혜를 따라 산다는 뜻이다.

그러나 이 세상에서 먼저 깨달은 선각자가 있어야 그 깨달음이 무엇인지 알 수 있을 것이다. 그렇다면 어떤 사람을 깨달은 사람이라고 말할 수 있는가.

옛날에 진인은 작은 공로나 큰 성공도 뽐내지 않았으며 무슨 일을 이루려고 꾀하지도 않았다. 진인은 일이 잘못되어도 후회하지 않았으며 일이 잘되어도 의기양양하지 않았다. 진인은 높은 곳에 올라가도 두려워하지 않았고, 물 속에 들어가도 젖지 않았으며, 불에 들어가도 뜨겁지 않았다. 그것은 진인의 지식이 도에까지 승화될 수 있었기 때문이다.

진인은 밤에 잘 때 꿈을 꾸지 않았고, 낮에 깨어 있어도 근심 걱정이 없었으며, 음식을 먹을 때는 맛을 가리지 않았다. 진인의 숨결은 깊고 깊었다. 진인은 삶을 기뻐하지 않았고, 죽음을 두려워하지 않았으며, 태어났다고 기뻐하지 않았고, 말없이 가고 말없이 올 뿐이었다. 진인은 시작도 없었고 끝도 없었으며, 살다가 죽으면 기꺼이 자연으로 돌아갔다.

진인의 자태는 고요하며, 이마는 넓고 컸으며, 엄숙함은 가을과 같고 따뜻함은 봄과 같았다. 때문에 만물을 즐기면 성인聖人이 아니고, 하늘의 때를 따지면 현인賢人이 아니며, 이해를 따지면 군자君子가 아니고, 명예를 좇으면 선비가 아니며, 참되지 못하면 군주君主라고 할 수가 없다.

옛날의 진인은 모자란 듯하면서도 남에게 받는 일이 없으며, 점잖으면서도 고집스럽지 않고, 비어 있으면서도 허영심이 없으며, 늘 온화해서 기쁜 것 같고, 무뚝뚝하나 그 안에 덕이 조용히 머물러 있으며, 무심해서 그 말을 잊은 듯하다.

진인은 법을 잘 지키고, 예를 갖추며, 지혜로 때를 잘 넘기고, 덕으로 순종하는 사람이다. 진인은 한결같음도 똑같고, 한결같지 않음도 똑같다. 죽음과 삶은 나의 운명이며, 밤과 아침이 변함없는 것은 하늘의 도리이다. 따라서 나의 삶을 기리는 것은 곧 죽음을 기리는 이유가 된다.

014

함부로 마음을 드러내지 마라

∵ 남을 불행하게 만드는 사람은 반드시 불행하게 된다

공자孔子의 제자 안회顔回가 위衛나라로 떠나가려고 하자 공자가 그 까닭을 물었다.

그러자 안회는

"위나라의 왕이 독재 정치로 백성을 마구 부려서 죽은 시체가 연못을 가득 메우고 있는데도 왕은 잘못을 깨닫지 못하고 있습니다. 그래서 저는 이 나라를 떠나 위나라로 들어가서 제가 배운 대로 정의를 실천할까 합니다."

라고 하자, 공자가 안회에게 말했다.

"도라는 것은 여러 가지가 뒤섞이고 어지러워지는 것을 꺼린다. 어지럽고 걱정이 많이 생기면 점점 풀기가 어렵기 때문이다. 그래서 옛어른들은 말하기를 먼저 자기 자신을 닦은 후에야 남에게 관심을 가지라고 했다. 자기 자신도 다스리지 못하는 형편에 어떻게 남의

일에 끼어들 수가 있겠느냐. 덕은 명예를 좇으면 흐려지고, 명예는 상대방을 해치며, 지혜는 다툼의 무기가 된다. 따라서 명예와 지혜는 모두 흉기 같아서 그것으로는 사람을 다스릴 수가 없는 법이다. 또한 덕이 두텁고 믿음이 확실해도 남의 기분을 다 헤아릴 수가 없다. 겉으로 인자로움과 의로움과 법도를 내세우면서 남의 악을 딛고 자신의 장점을 드러내려는 짓에 지나지 않는다. 그런 사람들은 남을 불행하게 만들고, 남을 불행하게 만드는 사람은 반드시 남에게 불행을 당하게 된다. 그러니 어쩌면 너도 남에게 불행을 줄지도 모르고, 그런 일로 위나라에 가면 머지않아 붙들려 형벌을 면하지 못하게 될 것이다. 위나라 왕이 하필이면 왜 너를 자기 나라에 등용시키겠느냐? 그러나 만약에 위나라 왕이 너를 등용한다고 해도 반드시 너를 시험대에 올려놓고 약점을 잡으려 들 것이다. 그러면 너는 허리를 굽힐 것이고, 결국은 그의 비위를 맞추게 될 것이다."

"그러면 제가 위나라에 가서 어떻게 해야 하는지 스승님께서 좋은 방법을 가르쳐 주십시오."

"네가 꼭 위나라에 가겠다면 먼저 명예욕을 버리고 가야 한다. 그리고 왕이 네 말을 받아들일 때까지는 한 마디도 해서는 안 된다. 특히 네 마음을 드러내서 약점을 잡히지 말고 모든 행동을 삼가야 한다. 걷지 않고 서 있기는 쉬우나 걸으면서 땅을 딛지 않기는 어려운 법이다. 그리고 무엇보다 하늘의 이치에 몸을 맡겨야 한다. 날개로 날아다닌다는 말은 들었지만 날개가 없이 날아다닌다는 말은 듣지 못했다 지혜로 깨달았다는 말은 들었어도 지혜가 없는데도 깨달았다는 말은 듣지 못했다. 몸은 움직이지 않고 조용히 앉아 있어도 마음은 바쁘게 움직이는 것을 좌치坐馳라고 한다. 귀와 눈이 마음의 깨달음을 벗어나면 귀신도 깃든다고 하였다. 내 말을 명심한다면 위나라에 간들 두려울 것이 무엇이겠느냐?"

【 세상을 살아가는 소중한 지혜 】

세상을 살아가는 방법

∴ 물고기는 물에 살아야 하듯이 사람은 하늘의 도에 살아야 성품이 완성된다

자상호子桑戶・맹자반孟子反・자금장子琴張 이렇게 세 사람은 서로 마음에 거슬리는 것이 없는 친구가 되어 잘 살았다. 그러다가 자상호가 먼저 죽었는데 친구들은 장례를 치를 생각을 하지 않았다. 그 소식을 들은 공자가 자공子貢을 시켜서 장례를 치러 주도록 했다. 그러자 장례식날 맹자반은 자상호를 위해 악보를 만들었고, 자금장은 거문고를 타면서 노래를 불렀다.

상호야! 너는 이미 참된 곳으로 돌아갔는데, 우리는 아직 살아 있는 것이 한이로다.

자공이 그것을 보고 놀라서 그들에게 물었다.
"고인 앞에서 노래를 부르다니 당신들은 예의도 없소?"
그러자 두 사람은 웃으면서,

"그대는 예의가 무엇인지 아시오?"

하고 물었다. 자공이 공자에게 돌아와서 그 사실을 전하면서 도대체 자상호의 친구들은 어떤 사람들이기에 그런 짓을 했는지 묻자, 공자가 대답했다.

"그들은 세상 밖에서 사는 사람들이고 우리는 세상 안에서 살고 있다. 그들과 우리는 안팎이 다르듯 다른데, 너를 조문객으로 보낸 내가 어리석었다. 그들은 지금 조물주와 친구가 되어 살고 있다. 그들은 이 세상에서의 삶을 마치 사마귀나 혹쯤으로 여긴다. 죽음을 부스럼으로 터진 종기쯤으로 여긴다. 그들은 사람의 육신이란 자연의 여러 물질들을 가져다가 만든 것으로 생각해서 자신의 쓸개나 간이나 귀나 눈도 잊어버리고 살고, 시작도 모르고 끝도 모르면서 아득히 먼 속세 밖에서 아무 일도 하지 않고 노닐고 있다. 그런 그들이 어찌 속세의 번잡스러운 예의를 갖추어 남의 눈을 끌려고 하겠느냐?"

"그럼 선생님께서는 어느 쪽을 원하십니까?"

"나는 하늘로부터 벌을 받은 사람이다. 그렇지만 내가 아는 것은 너와 나누고 싶다."

"그렇게 되려면 어떻게 해야 합니까?"

"물고기들은 물에서 살아야 하듯이 사람은 도에 살아야 성품이 완성된다. 물고기는 물에서 살아야 서로를 잊고, 사람은 도에 살아야 서로를 잊는다. 기인이 사람의 눈에는 이상하지만 하늘의 눈으로 보면 정상이다."

주위 사람과 조화를 이루어라

∴ 남의 약점을 보면 웃음으로 넘기는 좋다

안회顔回가 공자에게 물었다.

"맹손재孟孫才는 어머니가 죽자 곡은 했지만, 눈물을 흘리지 않았고 슬퍼하지도 않았는데, 상주 노릇을 잘했다는 소문이 노나라에 크게 퍼졌습니다. 왜 그런 짓을 하고도 명예를 얻었는지 알 수가 없습니다."

그러자 공자가 대답했다.

"그는 장례법을 잘 알면서도 남들이 못 하는 간단한 장례를 치렀기 때문이다. 그는 사람이 사는 까닭을 알려고 하지 않았고, 사람이 죽는 이유도 알려고 하지 않았다. 그는 삶과 죽음 중 어느 것이 먼저고 어느 것이 나중인가도 모른다. 그저 자연의 변화에 잘 따르고 기다리며 살았을 뿐, 자연의 변화가 왜 있는 것인지, 변화해야 하는 것이 왜 변화하지 않았는지 알려고 하지도 않았다. 그는 몸이 놀라도

마음을 상하는 일이 없었고, 감정을 죽이지 않았다. 이처럼 그는 홀로 깨달았기에 세상 사람들이 곡을 하면 따라서 곡은 하지만 눈물은 흘리지 않은 것이다. 네가 꿈에 새가 되어 하늘로 날아가고, 꿈에 물고기가 되어 연못에 있었다면, 그것이 진정 꿈 속에서 있었던 일인지 깨어나서 있었던 일인지 누가 알겠는가? 남의 약점을 보면 그저 웃음으로 넘기는 것이 좋다. 또한 자주 웃는 것보다는 조화를 이루는 것이 좋다. 주변과 편안하게 조화를 이루고 애써 변화하려고 하지 않는 것이 고요한 하늘로 들어가는 길이다."

자연의 변화에 순응하라

∵ 작은 눈으로는 큰 눈이 보고 깨닫는 지혜를 따르지 못한다

자사子祀 · 자여子輿 · 자려子犁 · 자래子來 등 네 사람이 어느 날 한자리에 모여 이야기를 나누고 있었다.

"누가 없음을 머리로 삼고, 삶을 등줄기로 삼으며, 죽음을 엉덩이로 삼을 수 있을까? 누가 삶과 죽음, 존속과 멸망이 한 가지임을 알 수 있을까? 나는 그런 사람과 벗을 삼아야겠다."

네 사람은 서로의 얼굴을 쳐다보면서 웃고 뜻이 맞아 모두가 벗이 되었다. 며칠 후, 갑자기 자여가 병이 나서 드러눕자 자사가 문병을 갔는데, 이 때 자여가 말했다.

"아! 조물주는 위대하구나. 그래서 내 몸을 이토록 굽게 하려는구나."

등은 굽어 불쑥 나오고, 오장은 위로 올라가 있으며, 턱은 배꼽에 가려지고, 어깨는 정수리보다 높이 올라갔으며, 목덜미는 하늘을 가

리키고 있었다.

이 때 자사가 자여를 보며 말했다.

"자네는 그것이 싫은가?"

"아닐세. 내가 어찌 싫어하겠는가? 나의 왼팔을 조금씩 변하게 하여 닭으로 만든다면 나는 그 닭이 새벽을 알리기를 바랄 것이네. 나의 오른팔을 활로 만든다면 나는 그 활에 화살을 얹어 올빼미를 쏘아 잡아서 맛있는 구이를 만들어 먹을 것이네. 또 내 엉덩이를 조금씩 변하게 하여 수레바퀴로 만들고, 마음을 말로 만들어 그것을 탈 것이네. 무릇 태어난다는 것은 때를 얻은 것이며, 삶을 잃는 것은 자연의 변화를 따름일세. 따라서 자연의 변화에 순응하면 슬픔이나 괴로움이 끼어들 수가 없네. 그런데 스스로 풀려나지 못하는 것은 사물이 그를 동여매고 있기 때문이지. 무릇 사물이 자연의 도리에 이기지 못한다는 것은 오래 된 사실이니, 나 또한 어떻게 싫어하겠는가?"

018

사물의 조화에 나를 맡겨라

:: **세상을 커다란 용광로로 생각하라**

어느 날, 자래가 갑자기 병이 나서 곧 죽을 것아 그의 아내와 자식들이 그를 둘러싸고 울고 있었다. 이 때 자려가 그 소식을 듣고 문병을 가서 말했다.

"자, 저리들 물러나시오. 죽어 가는 사람을 놀라게 해서는 안되오."

그런 다음, 자려는 방문에 기대어 자래에게 말했다.

"조화는 참으로 위대하도다! 자네를 어디로 데려가며 무엇으로 만들 것인가? 자네를 쥐의 간으로 만들려는 것일까, 아니면 벌레의 다리로 만들려는 것일까?"

이에 자래가 말했다.

"부모는 자식에게 무슨 명령이든 따르게 하지. 천지 음양의 조화가 사람을 따르게 함은 부모의 명령 정도가 아닐세. 조화가 나에게

죽음을 요구하는데 내가 거절한다면 나는 포악한 자가 되네. 조화에게 무슨 죄가 있겠는가? 무릇 자연은 나에게 형체를 주었고, 삶으로써 나를 수고롭게 만들고, 늙음으로써 나를 편안하게 하며, 죽음으로써 나를 쉬도록 해주네. 내 삶을 좋다고 하는 것은 내 죽음도 좋다고 하는 것이 되네. 지금 훌륭한 야금 기술자가 쇠를 녹여 주물을 만들려고 하는데, 쇠가 펄쩍 뛰어오르며 '나는 반드시 옛날의 오吳나라 때 간장干將이 만들었다는 막야라는 훌륭한 칼이 될 것이다' 라고 한다면 야금 기술자는 반드시 상서롭지 않은 쇠라고 생각할 것이네. 지금 한 번 사람으로 태어났다고 하여 '사람뿐이다, 사람뿐이다' 라고 한다면 저 조화를 부리는 자는 반드시 나를 가리켜 상서롭지 못한 인간이라고 생각할 것이네. 세상을 커다란 용광로로 생각하고, 조화를 훌륭한 야금 기술자로 생각한다면 어디로 가든 나쁠 것이 있겠는가? 편안히 잠들고 문득 깨어나는 것이네."

마음을 노닐게 하는 경지

:: 장님은 아름다운 얼굴과 빛깔과 무늬가 상관없다

어느 날, 허유許由가 의이자意而子를 만나서 그에게 물어 보았다.

"요나라 임금은 자네에게 무엇을 가르치던가?"

허유의 물음에 의이자가 대답했다.

"요나라 임금이 나에게 말씀하시길 '그대는 틀림없이 인의仁義의 덕을 몸소 실천하고 잘잘못을 분명히 말하라'고 하셨습니다."

이에 허유가 다시 물었다.

"요나라 임금은 자네에게 이미 인의의 덕으로 이마에 글씨를 새기고 먹물을 입히는 묵형墨刑을 가했고, 시비로써 코를 베는 형벌을 가했네. 그런데 어찌 저 자유분방하고 변화가 많은 도에서 노닐려고 하는가?"

의이자가 대답했다.

"그렇기는 하지만 저는 그 경계에서 노닐려고 합니다."

"그렇지 않아. 무릇 장님은 아름다운 얼굴이 상관없고, 여러 가지 빛깔과 무늬의 아름다움과도 상관이 없네."

"무릇 무장無莊이라는 미인이 아름다움을 잊게 되고, 거량據梁이라는 장사가 힘을 잊게 되며, 황제黃帝가 그 지혜를 잊게 된 것은 모두 용광로 안에서 단련되었기 때문입니다. 조물주가 저의 묵형을 지워 주고 잘린 코를 붙여 주어 저로 하여금 온전한 몸으로 선생님을 따르게 할지 어떻게 알겠습니까?"

허유가 말했다.

"그럴지도 모르지. 나의 스승은 만물을 이루어 놓으면서도 의롭다 여기지 않고, 만세萬世에 은혜와 혜택을 미치게 하면서도 어질다고 여기지 않고, 아득한 옛날보다 더 오래 살면서도 늙었다 여기지 않고, 천지를 싣고 감싸서 여러모양으로 조각하면서도 교묘하다고 여기지 않으시네. 이것이 바로 마음을 노닐게 하는 경지이네."

자신을 변화하면 집착이 없어진다

∴ 모든 것이 하나가 되면 좋고 싫은 것이 없어진다

어느 날, 공자의 제자 안회가 스승에게 말했다.

"저는 더해진 바가 있었습니다."

"무슨 말이냐?"

"저는 인의仁義를 잊어버렸습니다."

"괜찮기는 하지만 아직은 부족하다."

며칠 후 안회가 공자를 만나 말했다.

"저는 더해진 바가 있었습니다."

"무슨 말이냐?"

"저는 예악禮樂을 잊어버렸습니다."

"괜찮기는 하지만 아직 모자란다."

뒷날, 안회가 공자를 다시 만나 말했다.

"저는 더해진 바가 있었습니다."

"무슨 말이냐?"

"저는 좌망坐忘하게 되었습니다."

공자가 놀란 듯이 물었다.

"좌망이란 무엇이냐?"

"그것은 손발이나 신체를 잊어버리고, 귀와 눈의 작용을 물리쳐 형체를 떠나고, 알아서 깨달음을 버려 대도大道에 하나가 되는 것을 말합니다."

이에 공자가 감탄하며 말했다.

"하나가 되면 좋고 싫은 것이 없어지고, 변화하면 집착함이 없어진다. 너는 과연 현명하구나. 나도 너의 뒤를 따라야겠다!"

가난의 철학

:: 하늘과 땅은 사사로이 베풀지 않는다

공자의 제자인 증삼曾參과 자상子桑은 벗이었는데, 장맛비가 10일이나 계속되자 증삼이

"자상이 거의 병이 들어 있을 것이다."

하고 밥을 싸서 들고 자상에게 먹여 주려고 찾아갔다. 그리하여 자상의 집 문앞에 이르자, 노래 같기도 하고 곡하는 것 같기도 한 목소리가 거문고 소리와 어울려 들려 왔다.

아버지인가, 어머니인가, 하늘인가, 사람인가

소리를 내는 것도 힘에 벅찬 듯이 가사만을 빠르게 읊는 것이었다. 그래서 증삼이 문을 열고 들어가 말했다.

"자네의 노래가 왜 이런가?"

"나는 나로 하여금 이러한 궁지에 몰아넣은 것이 무엇인지 생각해

보고 있으나 알 수가 없네. 부모님이 내가 가난하게 지내기를 어찌 바라시겠나? 하늘은 사사로이 덮어 주는 일이 없고, 땅은 사사로이 실어 주는 일이 없으니, 하늘과 땅이 어떻게 나 혼자만을 가난하게 했겠는가? 그래서 나를 가난하게 만든 것이 무엇인가 하고 궁리해 보았으나 도무지 알 수가 없구만. 그런데도 이렇게 궁지에 몰려 있으니 이것이 바로 운명이라는 것인가 보네."

남의 만족에 관심을 버려라

∷ 자기 것은 못 보고 남의 것만 보는 사람은 모두가 어리석기 짝이 없다

소인은 이득을 위해 자신을 죽이고, 학자는 명예를 위해 자신을 죽이며, 아내는 가족을 위해 자신을 죽이지만, 성인은 천하를 위해 자신을 죽인다. 그들은 모두 각각 본분이 다르고 명성도 다르지만 자기 몸과 타고난 성품을 죽여서 희생한다는 점에서는 똑같다.

은殷나라의 백이伯夷는 부왕이 죽은 후 왕이 되기를 사양하고 나라를 떠났다. 그 후에 무왕武王이 은나라를 멸망시키고 주나라를 세웠다. 그러자 백이는 무왕의 행위가 의롭고 인자로운 행위에 어긋난다는 이유로 주周나라의 곡식을 먹지 않겠다고 거부하고 수양산에 들어가 고사리를 캐먹으며 살다가 끝내 굶어 죽고 말았다.

그와 반대로 중국 춘추시대의 도척은 악당 9천 명을 이끌고 온갖 잔인무도한 짓을 다 저지르며 살다가 동릉산에서 죽었다.

백이와 도척이 죽은 이유는 각각 다르지만 생명을 잃고 자신의 타

고난 성품을 해친 점에서는 똑같다. 그런데 왜 사람들은 백이는 옳다고 말하고 도척은 그르다고 하는 것인가?

세상 사람들은 남자가 인자롭고 의로운 일을 위해 죽으면 군자라고 말하고, 재물을 탐내다가 죽으면 소인이라고 말한다. 그러나 생명을 잃고 타고난 성품을 해친 점에서는 백이나 도척이나 똑같기 때문에 군자니 소인이니 하는 구별은 소용없는 일이다.

대체로 자기 것은 못 보고 남의 것만 보는 사람, 자기 스스로는 얻지 못하고 남이 얻은 것에서 얻는 사람, 자기 만족은 헤아리지 않고 남의 만족에만 관심을 갖는 사람은 모두 어떤 것에 홀려서 정신을 차리지 못한 것이다. 나는 그런 따위의 행동을 부끄럽게 여긴다. 그래서 나는 감히 인자하고 의로운 지조를 지키려고 하지 않을 뿐만 아니라 재물에 정신을 빼앗기는 따위도 하지 않는다.

사람은 성품대로 다루어야 한다

∴ 모든 사람이나 동물은 타고난 독특한 성품을 지니고 있다

말은 말굽이 있어야 서리와 눈을 밟을 수 있고, 털이 있어야 바람과 추위를 막을 수 있다. 말은 풀을 뜯고 물을 마시고 자유롭게 뛰어다니는 것이 타고난 성품이다. 따라서 말에게는 예나 규칙이나 화려한 집 따위는 필요하지 않는다.

그런데 중국 춘추시대에 백락伯樂이라는 사람은 자기가 말을 잘 다룬다고 하면서 털을 태우고 깎고, 여러 마리를 한 마구간에 묶어 두자 죽는 말들이 생겼다. 게다가 말을 훈련시킨다고 굶기고 마구 뛰게 했으며 재갈을 물리고 채찍질했기 때문에 말들은 반이나 죽게 되었다. 백락이 오기 전에는 그런 일이 없었지만 백락이 조련사로 오면서부터 말들은 고통을 당하게 된 것이다.

또 그 때에 도공이 나타나서,

"나는 진흙을 잘 다룬다. 둥글게 만들면 나침반에 맞고, 모나게 만

들면 자에 맞는다."

고 말했다.

한 목수도 나타나서 말했다.

"나는 나무를 잘 다룬다. 굽게 깎으면 곡척에 맞고, 곧게 깎으면 먹줄에 맞는다."

그렇지만 진흙이나 나무의 성질이 어떻게 기술자가 손대는 대로 나침반에도 맞고 곱자에도 맞으며 먹줄에도 맞을 수 있겠는가.

백락이 말을 잘 다룬다고 칭찬하고, 도공과 목수가 진흙과 나무를 잘 다룬다고 칭찬하는 것은 바로 인의仁義로써 천하를 다스리는 사람을 가리켜 성인이니 현인이니 칭찬하는 것과 다를 것이 없다. 정말로 천하를 잘 다스리는 사람은 그런 식으로 하지 않는다.

백성들에게도 타고난 성품이 있는 것처럼, 말도 풀을 뜯고 물을 마시며 놀다가 기쁘면 서로 목을 맞대고 비비고, 또 화가 나면 등을 돌려 서로를 차기도 한다. 말의 지혜는 그 정도에 지나지 않는다. 그런데 그 말에 수레의 가로막대나 멍에를 씌워 붙들어 매면 말은 끌채 마구리를 부러뜨리고 멍에를 꺾으며, 수레 장막을 찢고 재갈을 씹어 부수어 버리며 고삐를 물어 끊어 버린다.

그렇게 그것들을 파괴하는 데 자신의 지혜를 쓸 뿐이다. 하지만 파괴는 지혜가 아니다. 따라서 말의 지혜가 도둑처럼 된 것은 본디 순종하는 말을 백락이 잘못 다룬 탓이다.

항상 배움에 힘써라

∷ 배우는 데 게으른 사람은 성공하지 못한다

노魯나라에 발꿈치를 잘리는 형벌을 받은 숙산무지叔山無趾가 몸을 질질 끌면서 어느 날 공자를 찾아오자 공자가 그에게 말했다.

"평소에 행실을 바르게 못한 까닭으로 그런 벌을 받아 불구의 몸이 되고 만 것이오. 이제 새삼스럽게 나를 찾아오다니, 이미 때가 늦은 것 아니겠소?"

"저는 오직 힘을 써야 할 일을 모른 채 몸을 가볍게 다루었기 때문에 이렇게 벌을 받았다. 지금 제가 온 까닭은 다리보다 귀한 것이 남아 있기 때문이며, 그것을 온전하게 하고 싶어서입니다. 대체로 보아서 하늘은 모든 것을 덮어 주고, 땅은 모든 것을 실어 줍니다. 저는 지금까지 선생님을 하늘과 땅처럼 여겼는데, 선생님이 이러실 줄은 정말 몰랐습니다."

"내가 어리석었소. 어서 들어오시오. 내가 선생의 말을 듣고 아는

데까지 말씀 드리겠소."

한참 뒤에 숙산무지가 나가자 공자가 제자들에게 말했다.

"너희들도 열심히 배워라. 숙산무지는 발뒤꿈치를 잘린 병신이지만 배움에 힘을 씀으로써 전날에 저질렀던 행동의 잘못을 갚으려고 한다. 하물며 온전한 몸을 지닌 사람들이 배우는 데 게을러서야 쓰겠느냐?"

라고 말하였다.

사람이 다투면서 살아가는 이유

∷ 모든 백성이 평안을 누리는 것은 군주를 잘 만났기 때문이다

옛날에 전설적인 제왕으로 알려진 혁서씨가 나라를 다스릴 때 백성들은 집에서 무슨 일을 해야 하는가를 알지 못했다. 그리고 밖에 나가면 어디를 가야 하는지도 몰랐다. 그저 잘 먹고 즐기며 배를 두드리면서 행복하게 살았다.

그런데 성인이라는 사람들이 나타나 예의라는 것을 만들어 내자, 사람들이 그 예의에 맞추어 살기 위해 비굴하게 허리를 굽히며 살게 된 것이다.

최고의 이상적인 통치자로 손꼽히는 요堯와 순舜 두 성천자聖天子는 그저 자기 몸을 공손히 하고 자리를 조용히 지키고만 있었을 뿐이었다.

그래서 그 시대에 살았던 한 노인이 부른 격양가의 가사 중에는 그 시대의 상황을 알려 주는 다음과 같은 내용이 들어 있다.

해 뜨면 일하고 해 지면 잠자고

우물 파서 마시고 밭 갈아 먹는데

임금의 덕이 내게 무슨 소용이 있겠는가.

그렇게 태평성대를 누리고 있을 때 똑똑한 성인들이 나타나 어짊과 의리라는 것을 만들어 백성들에게 불가능한 세상을 그리워하게 만들었기 때문에 모두가 이득을 보려고 다급해지고, 서로 다투면서 세상에 싸움이 그칠 날이 없게 되었다.

그러니 그것은 또한 성인들이 저질러 놓은 큰 잘못이 아니고 무엇이겠는가?

스스로 몸을 상하게 만들지 말라

∷ 쓸데없는 소리는 자신을 망친다

혜자惠子가 장자에게 물었다.

"사람에게 본디 정이 없을까요?"

장자가 대답했다.

"없습니다."

혜자가 다시 물었다.

"정이 없는 사람이라면 어찌 그를 사람이라고 할 수가 있을까요?"

장자가 대답했다.

"도道가 얼굴 모습을 주었고, 하늘이 몸의 형체를 주었는데, 어떻게 사람이 아니라고 할 수 있겠습니까?"

"그를 이미 사람이라고 한다면 어떻게 정이 없을 수가 있을까요?"

"그것은 내가 말하는 정이 아닙니다. 내가 정이 없다고 하는 것은 사람이 좋고 나쁨에 의해 몸 속을 스스로 상하지 않게 하며, 언제나 자

연을 따르면서 삶을 덧붙이려고 하지 않는 것을 말하는 것입니다."

"그렇다면 삶을 덧붙이지 않으면서 어떻게 그 몸을 가질 수가 있을까요?"

"도가 그에게 용모를 주었고, 하늘이 그에게 형체를 주었으니, 좋고 나쁨으로 몸 속을 스스로 상하지 않게 하는 것입니다. 당신은 지금 자기 마음을 밖으로 향한 채 자신의 정력을 피곤하게 만들고, 나무에 기대어 신음하며, 책상에 앉아서 졸고 있습니다. 하늘이 당신의 형체를 갖추어 주었는데도 당신은 쓸데없는 소리로 떠들고 있습니다."

도둑에게도 도道가 있다

∴ 입술이 없으면 이가 시리고 언덕이 무너지면 못이 메워진다

옛날에 어진 사람으로 소문난 용봉龍逢은 목이 잘려 죽었고, 비간比干이라는 사람은 가슴이 찢겨 죽었으며, 장홍이라는 사람은 창자가 끊겨져 죽었으며, 자서子胥라는 사람은 시체가 썩어 문드러졌다.

그들은 어짊으로도 목숨을 구하지 못했다. 그래서 도둑의 무리들이 도척에게

"도둑에게도 도가 있습니까?"

하고 물었다. 그러자 도척이 말했다.

"어디엔들 도가 없겠는가? 방 안에 감춘 보물을 짐작으로 알아맞히는 것은 성聖이고, 발 빠르게 움직이는 것은 용勇이며, 맨 마지막에 나오는 것은 의義이며, 옳고 그름을 아는 것은 지知이고, 고르게 나누어 주는 것은 인仁이다. 이 다섯 가지를 갖추지 못하고 큰 도둑이 된 자는 세상에 없었다."

 이 말대로라면 사람이 성인의 도를 얻지 못하면 세상에서 살 수가 없고, 도둑까지도 성인의 도를 얻지 못하면 도둑질을 할 수가 없다. 그러나 세상에는 착한 사람보다는 악한 사람이 더 많아서, 성인은 세상을 이롭게 하는 일보다 해를 끼치는 일이 더 많았다.
 입술이 없으면 이가 시린 것처럼, 성인이 나타났기 때문에 큰 도둑이 생긴 것이다. 따라서 성인을 없애고 도둑을 풀어 놓아야 비로소 세상이 다스려진다. 냇물이 마르면 계곡이 비고, 언덕이 무너지면 못이 메워지는 것처럼, 성인이 없어지면 큰 도둑도 없어져서 세상이 평화로워진다.
 그러나 성인이 죽지 않으면 큰 도둑도 죽지 않는다. 만일 성인이 세상을 다스리게 되면 도둑들이 더 많아질 것이다.
 사람들이 저울추와 저울대를 만들면 도둑들이 저울추와 저울대는 물론 저울에 다는 물건까지 모조리 훔쳐가는 것처럼, 인의仁義로 나라를 바로잡으려고 하면 도둑들은 그 어짊과 의로움까지도 훔쳐가고 말 것이다.

왜 그런가? 갈고리를 도둑질한 자는 죽음을 당하지만, 나라를 통째로 도둑질한 자는 임금이 되기 때문이다. 그렇게 임금이 된 자는 인의까지도 훔쳤으니 다시 인의로 나라를 다스리려고 할 것이다. 이렇게 인의는 도둑들만 잘 살게 만든다. 그래서 그렇게 만든 성인들과 현자들에게 죄가 있다는 것이다.

따라서 성인들을 몰아내 지혜를 포기하면 큰 도둑들은 곧 사라질 것이다. 그것은 마치 옥과 진주를 깨뜨려 버리면 그것을 훔치는 좀도둑들이 없어지는 이치와 같다.

그대가 돈이 없으면 도둑질을 당하지 않고, 도둑들이 훔칠 것이 없으면 도둑질을 못하기 때문에 도둑이 없어질 것이 아니겠는가?

028

사람의 마음을 어지럽게 하지 마라

∴ 작은 눈으로는 큰 눈이 보고 깨닫는 지혜를 따르지 못한다

사람이 너무 기뻐하면 양기陽氣를 해치고 너무 화를 내면 음기陰氣를 해친다. 음양이 나빠지면 계절이 제대로 바뀌지 않고 춥고 더운 기온의 조화가 어려워져서 큰 해가 닥치는 것처럼, 사람도 음양의 조화가 이루어지지 않으면 아무것도 할 수가 없게 된다.

사람은 눈이 밝으면 색깔에 빠지게 되고, 귀가 밝으면 소리에 빠지고, 베푸는 것을 좋아하면 덕을 어지럽히고, 의리를 너무 좇다 보면 이치에 맞지 않는 일을 할 수밖에 없게 된다. 또한 너무 예의를 갖추다 보면 겉치레에 빠지고, 즐거움을 너무 밝히면 음탕해지기 쉽고, 성스러움을 너무 위하다 보면 허망에 빠지고 만다. 그리고 시식을 너무 따지다 보면 남의 잘못을 비판하는 데만 정신을 쏟게 된다.

그런데도 사람들은 그것들로부터 벗어나지 못하고 애써 그것들을 따르고 본받으려고 하니 내가 그들을 어떻게 말릴 것인가. 그래서

 초나라의 현인 최구崔瞿가 노자에게 천하를 다스리지 않고 사람의 마음을 착하게 만들 수 있는 방법을 물었더니 노자가 대답했다.

 "사람의 마음을 어지럽게 하지 말라. 사람의 마음은 누르면 비굴해지고 치켜세우면 우쭐해진다. 비굴해지거나 우쭐해지면 그 자체가 이미 얽매인 것이고 떳떳하지 못하니 죽은 것이나 다름없다. 사람의 마음은 강한 것을 부드럽게 하고, 모난 것을 깎아 주고 가다듬기도 하며, 뜨거움은 불 같으나 차기는 얼음 같고, 변화도 빠르다. 마음을 가만히 두면 연못의 물처럼 잔잔하지만 흔들면 하늘로 치솟아서 아무도 그것을 다스릴 수가 없다. 그러니 만일 그대가 사람의 마음을 어지럽게만 하지 않는다면 세상을 다스리지 않고도 사람을 착하게 만들 수 있을 것이다."

지식과 학문에 너무 얽매이지 마라

 산에 덫과 올무가 많으면 짐승들이 불안해진다

활이나 칼이나 도끼, 그물 따위의 사냥 도구가 만들어지면서 새들은 하늘을 불안하게 날게 되었고, 낚시·미끼·그물·삼태기·통발 등이 만들어지면서 물고기들은 평화를 잃게 되었으며, 산에 덫과 올무가 많아지면서 짐승들은 산에서 불안하게 살고 있다.

또한 교묘한 속임수가 늘어나고 중상모략과 교활한 말들과 우롱, 더러운 욕설과 아무런 도움도 안 되는 궤변들이 많아지면서 세상은 쓸데없는 현혹에 휘말리게 되었다. 그래서 세상은 어두워지고 혼란은 더욱 커졌다. 이러한 모든 사태는 사람들이 지식만을 너무 좋아했기 때문이다.

따라서 사람들은 잘 알지도 못하는 것을 찾을 줄만 알았지, 이미 알고 있는 것을 잘 이용할 줄을 모를 뿐만 아니라 무조건 악만 나쁘다고 말한다. 그러나 착함 속에 거짓과 속임수가 숨겨져 있다는 사

 실을 몰랐다. 그래서 세상이 더욱 어지러워질 수밖에 없었다.
 그로 인해 해와 달은 빛을 잃고, 대자연은 조화를 잃었으며, 자연스러운 계절의 순조로운 변화와 운행이 어긋나게 되었고, 작은 벌레에서 큰 동물에 이르기까지 본성을 잃지 않은 것이 없게 되었다. 이러한 모든 것이 지식과 학문을 섬긴 탓이다. 덕분에 순수하고 소박한 사람들이 쫓겨나고 영혼과 몸을 망령되게 꾸민 자들이 날뛰면서 보잘것없고 어리석은 것들이 세상을 차지하게 되었다.

【 자연과 어울려서 살아라 】

030

마음을 고요한 늪처럼 두어라

∴ 마음을 걱정으로 채워서 괴롭히지 않는 것이 제일이다

어느 날, 무위자연의 도를 깨달았다고 전해지는 광성자廣成子에게 황제黃帝가 찾아와 몸을 어떻게 다스려야 건강하게 오래 살 수 있느냐고 물었다.

그러자 광성자가 황제에게 이렇게 말했다.

"반드시 조용히 사시오. 마음을 걱정으로 채워서 괴롭히지 마시오. 잡생각은 금물이오. 변덕이 심해서 하루에도 수없이 마음이 계속 바뀌고 갈팡질팡하면 마음이 지쳐서 어떻게 오래 살 수가 있겠소? 특히 몸을 함부로 굴리지 마시오. 몸을 한시도 가만히 두지 않는데 몸이 어떻게 배겨날 수가 있겠소. 눈으로 더 많이 보려고 하지 말고, 귀로 더 많이 들으려고 하지 말며, 마음으로 더 많이 느끼려고 하지 마시오. 볼 것도 많고, 들을 것도 많아, 신경을 곤두세우고 살면서 어찌 오래 살기를 바라겠소. 특히 마음을 고요한 늪처럼 두시오. 화

를 내고, 기뻐하고, 울면서 어찌 오래 살기를 바라시오. 갖고 싶은 것이 많아서 욕심을 내고 그것을 다 가지려고 머리를 쥐어짜는데 어떻게 건강할 것이며, 어찌 오래 살기를 바라는 것이오. 내 말대로만 하면 당신은 나처럼 될 것이오. 나는 1천 2백 년이나 살았지만 지금도 이렇게 튼튼하게 살고 있지 않소?"

잔꾀를 부리면 천성이 비뚤어진다

∷ 순수한 마음을 잃으면 모든 것이 비뚤어진다

공자의 제자인 자공子貢이 길을 가다가 한 노인이 밭일을 하고 있는 것을 보았다. 노인은 밭에 물을 주기 위해 물동이를 들고 깊은 우물로 내려가서 물을 길어다 밭에 뿌리는 일을 계속하고 있었다.

자공은 노인이 힘들게 일하는 모습이 딱해서 말했다.

"어르신, 용두레라는 물을 퍼서 올리는 농기구가 있습니다. 그걸 쓰면 이런 밭쯤은 하루에 백 이랑도 물을 쉽게 줄 수 있는데 왜 그렇게 힘들게 일하고 계십니까?"

그러자 노인이 자공에게 말했다.

"용두레라는 것이 어떻게 생겼소?"

"나무의 한쪽을 파서 물을 담고, 다른 한쪽 끝은 무겁게 만들어서 우물에 넣어 물을 푸면 물을 넘치게 풀 수 있는 아주 편리한 농기구입니다."

그러자 밭을 매던 노인이 웃으면서 말했다.

"젊은이 말도 옳기는 하오. 그러나 하지만 사람이란 기구가 있으면 반드시 꾀를 부리게 되어 있소. 꾀를 부리자면 어떻게 편할까 요령을 쥐어짜느라 잔머리를 굴릴 것이오. 그렇게 잔머리를 굴리다 보면 머릿속이 온통 잔꾀로만 가득 차게 되고, 그렇게 되면 순수한 마음을 잃게 되며, 순수한 마음을 잃으면 타고난 성품이 비뚤어지고, 성품이 비뚤어지면 도를 깨달을 수가 없게 되지 않소. 내가 용두레를 몰라서 쓰지 않는 것이 아니라 그것을 쓰면 내가 도를 깨달을 수 없게 되는 것이 부끄러워서 그러는 것이오. 사람들이 저마다 자기 하나도 제대로 다스리지 못하면서 어찌 천하를 다스리겠다고 나서는지 모르겠소. 그러니 젊은이는 내 일을 방해하지 말고 그대가 가려고 하는 곳으로 어서 가 보시오."

자신의 어리석음을 깨달아라

:: 어리석음을 깨닫는 사람은 어리석은 것이 아니다

효자는 부모에게 아첨하지 않고, 충신은 왕에게 아첨하지 않으므로, 그 사람을 가리켜 효자라 일컫고 충신이라 일컫는 것이다. 부모나 왕의 말과 행동이 반드시 옳은 것은 아니다. 세상 사람들이 모두 그렇게 알고 있다고 해서 나도 그렇게 알아야 하며, 세상에서 좋은 일이라고 해서 어디서나 좋은 일로 통하는 것은 아니다.

또한 사람들에게 모두 통하는 일이라고 해서 부모나 왕의 생각보다 더 옳다고는 말할 수도 없다. 사람들은 남들이 자기에게 세속과 뜻이 맞아 살고 있다고 헐뜯거나 남에게 아첨을 많이 한다고 말하면 화를 내게 된다.

그러나 그런 말을 듣고 화를 내는 사람은 정말 아첨꾼일 수도 있다. 어떤 사람은 교묘한 말이나 비유로 뭇 사람들의 마음을 사로잡기도 하지만, 교묘하고 아름다운 말은 이치에 맞지 않는 경우가 많다.

사람들이 멋진 옷으로 차려 입고 맵시를 내는 것도 남에게 잘 보이려고 아첨하고 있는 것이나 마찬가지인데도 그런 사람들은 남에게 잘 보이는 것이 인기를 얻기 위해서이거나 아첨하는 것이 아니라고 애써 변명을 하고 있다.

뜻이 맞는 사람들과 한패가 되어 옳고 그름을 따지고 떠들어 대면서도 자기만은 그들과 틀리다고 말하는 사람이 있다면, 그야말로 어리석음의 극치라고 말할 수 있다. 자신의 어리석음을 깨닫는 사람은 크게 어리석은 사람이 아니다. 자신이 어딘가에 깊이 빠져 있다는 것을 깨닫는 사람 역시 크게 빠진 것은 아니다. 정말 깊이 빠진 사람은 평생 동안 그 속에서 헤어나지 못하며, 평생 동안 어리석음을 깨닫지 못한 사람이야말로 크게 어리석은 사람이다.

세 사람이 함께 길을 갈 때 한 사람이 길을 잘 몰라도 목적지에 이를 수 있다. 길을 모르는 사람보다 아는 사람이 더 많기 때문이다. 그러나 셋 중에서 두 사람이 길을 모르고 한 사람만 알고 있다면 헛수고만 할 뿐 목적지에 이를 수가 없다. 길을 모르는 사람이 아는 사람보다 더 많기 때문이다.

자연에도 순서가 있다

:: 만물이 태어나고 죽는 것은 자연의 흐름과 같다

왕이 앞서 가면 신하가 그 뒤를 따르고, 부모가 앞서면 자식이 그 뒤를 따르고, 형이 앞서면 아우가 그 뒤를 따르고, 어른이 앞서면 젊은이가 그 뒤를 따르고, 남편이 앞서면 아내가 그 뒤를 따르는 것이 세상의 당연한 이치이다.

이것은 하늘이 높고 땅이 낮은 것처럼, 자연의 순서와 같은 것이다. 봄과 여름이 지나면 가을과 겨울이 그 뒤에 오는 것이 사계절의 당연한 순서이다.

만물이 변하고 태어나고 죽는 것은 자연의 흐름과 같은 것인데, 하물며 사람에게 있어서 도는 어떻겠는가.

종묘에서는 조상을 존중해야 하고, 조정에서는 지위와 순서를 존중해야 하며, 마을에서는 나이를 존중하고, 어떤 일에는 지혜롭고 어진 사람을 존중하는 것이 도리이다.

　그렇다면 임금은 어디에 마음을 써야 할 것인가? 하소연할 데 없는 백성들을 무시해서는 안 되고, 가난한 백성을 버려서도 안 되며, 죽은 사람에 대해 슬퍼하고, 어린아이는 귀여워해야 하며, 아내를 가엾게 여겨야 하는 것이 임금이면 마땅히 해야 할 일이 아니겠는가.

이론보다는 현실을 중히 여기라

∷ **세상의 모든 사람에게 맞는 잘 사는 방법은 없다**

　사람들은 진리를 책에서만 찾으려고 하지만 책이란 사람들의 말을 기록해 놓은 것에 지나지 않는다.

　그러나 어떻게 사는 것이 잘 사는 것인가는 말로 나타낼 수가 없다. 그런데 사람들은 마치 자신이야말로 잘 사는 방법을 가장 잘 알고 있는 것처럼 책을 써서 사람들에게 알려 주려고 한다. 그러나 그런 책은 읽을 필요가 없다. 세상의 모든 사람들에게 맞는 잘 사는 방법이라는 것은 없기 때문이다.

　우리 눈에 보이는 것은 사물의 모양과 빛밖에 없다. 그리고 들어서 알 수 있는 것은 사람들이 사물에 붙인 이름과 소리뿐이다. 그러므로 사물의 모양이나 빛, 이름이나 소리로는 사람이 어떻게 살아야 잘 사는 것인가를 알 수가 없다.

　옳게 사는 법을 잘 알고 있는 사람은 아무 말도 하지 않고 있는데

잘 사는 법을 잘 모르는 사람들이 더 많이 떠들고 있으니 어떻게 그 진실을 알 수 있겠는가?

제齊나라 환공桓公이 대청 위에서 책을 읽고 있는데 한 기술자가 마당에서 수레바퀴를 만들고 있었다. 기술자가 망치와 끌을 놓고 환공에게 물었다.

"폐하께서는 무슨 책을 읽고 계십니까?"

환공이 대답했다.

"성인들이 남긴 말씀을 읽고 있네."

"그럼 죽은 사람이 남긴 말의 찌꺼기나 읽고 계시는군요."

"무슨 책을 읽든 자네가 웬 참견인가?"

"소인이 평생 동안 수레바퀴를 깎으면서 경험한 것을 통해서 말씀드리겠습니다. 수레바퀴를 깎을 때 느리게 깎으면 헐렁해지고 너무 빨리 깎으면 빡빡해져서, 그 속도를 맞추기가 무척 어렵습니다. 따라서 손의 깎는 속도가 알맞게 되려면 마음의 속도와 똑같아져야 하기 때문에 평생 수레바퀴를 깎아야만 그 속도를 겨우 알 수 있을까 말까 합니다. 이처럼 소인은 어느 정도로 수레바퀴를 깎아야 하는가를 말로서는 할 수가 없기에 제 아들에게 그걸 가르칠 수가 없고, 소인의 아들 역시 소인에게서 그것을 배울 수가 없습니다. 그래서 소인의 아들놈도 제 스스로 마음의 속도와 손의 속도가 맞아 익숙해질 때까지 깎는 수밖에 없는 것입니다. 소인은 나이가 칠십이 넘었는데도 수레바퀴 깎는 일을 그만두지 못하고 이 짓을 계속하고 있습니다. 따라서 옛성인도 소인과 똑같이 자신이 깨달은 바를 제자들에게 하나도 전하지 못하고 죽었을 것입니다. 그러니 폐하께서 읽으시는 것도 옛성인의 껍질이나 읽고 있는 것이 아니겠습니까?"

　예부터 글은 말을 다 전할 수 없고, 말은 뜻을 다 전할 수 없다고 했다. 따라서 인식하기보다는 체험을 중요하게 여겨야 하고, 이론보다는 현실을 중요하게 여겨야 한다.

035

세상의 모든 생명체에게는 본성이 있다

:: **타고난 본성은 버릴 수도 없고 바꿀 수도 없다**

백예라는 새는 암컷과 수컷이 서로 눈을 한 번 마주치면 암컷이 새끼를 가지게 되고, 어떤 곤충은 수컷이 바람이 불 때 위에서 노래를 부르면 아래 있던 암컷이 새끼를 가지게 되고, 어떤 동물은 암컷과 수컷의 성을 한꺼번에 가지고 있어서 저절로 새끼를 가지게 되기도 한다.

이렇게 이 세상의 모든 생명의 존재는 본디부터 본성을 지니고 태어난다. 따라서 그 각각의 본성은 아무도 바꿀 수가 없으며, 그 운명 역시 하늘로부터 타고났기 때문에 바꿀 수가 없는 법이다.

사람 역시 시간을 멈출 수 없는 것처럼 타고난 본성을 버릴 수 없고, 살아가는 도리 역시 거역할 수가 없는 법이다.

뜻을 이룬 사람은 명예도 버린다

∷ 자식이 부모를 잊기는 쉬워도 부모가 자식을 잊기는 어렵다

송宋나라의 재상인 탕蕩이 인仁에 대해서 장자에게 묻자 장자가 대답했다.

"호랑이나 이리가 인입니다."

"그것이 무슨 뜻입니까?"

장자가 말했다.

"아버지와 아들이 서로 친하니 어찌 인이 아니겠습니까?"

"그렇다면 지극한 인에 대해서 말씀해 주십시오."

"지극한 인에는 친함이 없습니다."

"제가 듣기로는 친함이 없으면 사랑함이 없고, 사랑함이 없으면 불효인데, 지극한 인은 불효라도 괜찮은 것입니까?"

이에 대해 장자가 대답했다.

"그렇지 않습니다. 지극한 인은 높은 것이고, 효는 이에 비하면 굳이 또 말할 것이 없습니다. 이런 것은 효를 넘어선 말이 아니며, 효에 미치지도 못하는 말입니다. 무릇 남쪽으로 가는 사람이 초나라의 도읍인 영에 가서 북쪽을 바라보면 명산冥山이 보이지 않는데, 이는 너무 멀리 갔기 때문입니다. 그래서 말하기를 '공경으로 효도하기는 쉬워도 사랑으로 효도하기는 어렵고, 사랑으로 효도하기는 쉬워도 어버이를 잊기는 어렵다. 어버이를 잊기는 쉬워도 어버이로 하여금 나를 잊게 하기는 어렵고, 어버이로 하여금 나를 잊게 하기는 쉬워도, 천하를 두루 잊게 하기는 어렵다. 천하를 두루 잊기는 쉽지만, 천하로 하여금 나를 두루 잊게 하기는 어렵다' 라고 했습니다. 무릇 덕은 요堯임금과 순舜임금이 남겨 주었으나 행하여지지 않았고, 은택恩澤이 만세에 미쳐도 천하는 이것을 알지 못했습니다. 그러니 어찌 한숨을 일부러 크게 쉬며 인이나 효를 말하겠습니까? 무릇 효도와 우애, 어짊과 의로움, 충성과 믿음, 정절과 깨끗함 등은 모두가 스스로 힘써서 그 덕을 부려야 하기 때문에 좋다고 할 수가 없는 것입니다. 그래서 '지극히 귀하면 나라의 작위도 물리치고, 지극히 부유하면 나라의 재물도 물리치며, 지극히 바라던 바를 이룬 사람은 명예도 물리친다' 는 말이 있는 것입니다. 이런 까닭으로 하여 도는 변함이 없는 것입니다."

명예를 탐닉하지 마라

:: 도는 남에게 물려줄 수도 알려 줄 수도 없는 것이다

공자는 51세가 되도록 아직 도를 듣지 못하고 있었다. 그리하여 남쪽의 패沛로 가서 노자를 만났는데, 노자가 그에게 물었다.

"어서 오시오. 나는 그대가 북쪽의 현인이라고 들었는데, 그대는 도를 깨달았소?"

"아직 깨닫지 못했습니다."

"그대는 도를 어디에서 구하려고 하였소?"

"저는 정해진 제도에서 구하려고 했으나, 5년이 지나도록 아직 깨닫지 못했습니다."

노자가 다시 물었다.

"그대는 도를 또 어디에서 구하려고 하였소?"

"저는 음과 양에서 구하려고 했으나, 12년이 지나도록 깨닫지 못했습니다."

"그럴 것이오. 도를 누구에게 바칠 수 있는 것이라면 사람들은 도를 임금에게 바치지 않을 수가 없을 것이오. 도를 누구에게 줄 수 있는 것이라면 사람들은 자기 어버이에게 드릴 수밖에 없을 것이오. 또한 도를 남에게 알려 줄 수 있는 것이라면 사람들은 자기 형제에게 알려 줄 테고, 남에게 줄 수 있는 것이라면 자기 자손에게 줄 것이오. 그러나 그럴 수 없는 것은 다름이 아니라 마음 속에 도를 받아들일 바탕이 마련되어 있지 않으면 머무르지 않고, 밖에 떳떳함이 없다면 실행되지 않기 때문이오. 따라서 마음 속에서 나가는 것을 밖에서 받아들이지 않으면 성인은 밖으로 내보내지 않고, 또 밖에서 들어오는 것을 주인이 마음 속에 받아들일 바탕이 마련되어 있지 않으면 성인은 거기에 기대지 않는 것이오. 명예는 모든 사람의 것으로 많이 가지려고 하면 안 되고, 인의는 옛날 성왕聖王들의 주막으로서 하룻밤쯤 묵어 가는 것은 좋으나 오래 묵을 곳은 못 되며, 머무르면 책망이 많아지오."

자연과 벗하며 살아라

:: 어떤 일에 마음을 쓰지 않으면 평정을 얻고 근심 걱정이 없어진다

　자신의 깨끗함을 남에게 알리기 위해 강물에 몸을 던져 자살하는 사람이 있었다. 그들은 몸이 대체로 야윈 편이고 신경이 날카롭고 늘 고상한 생각만 해서 뭇 사람들과는 달리 행동하기를 좋아하는 편이다. 또한 남을 탓하는 일이 많고, 대체로 본인을 높게 평가하는 버릇이 있다. 그런 사람은 혼자 외롭게 살아야지 군중 속에 섞여 살 수는 없다.

　우리 주위에는 늘 세계의 평화를 위해서 어떻게 해야 한다고 입버릇처럼 외치는 사람들이 있다. 그런 사람들 중에는 대체로 학자가 많고 인자하고 의롭고 성실한 사람들을 좋아한다. 그래서 자기 자신도 검소하고 겸손하게 살기 위해 자기 수양을 꾸준히 쌓아 가는 사람들이다.

　정치가들은 대체로 위대한 사람의 이름을 입에 올리고 그들의 업

적을 내세운다. 그들은 인간의 상하관계를 따지고 예의를 따지며 체면을 중요하게 여긴다. 그런 사람들은 정치판에서 일하면 알맞다. 그들은 항상 자기 웃사람을 잘 따르고 존경하며, 늘 부국강병을 주장하며 이웃 나라를 다스리고 통제하려는 뜻이 다른 사람보다 유난히 강하다.

하지만 그런 사람들과는 달리 한가하게 낚시질이나 즐기며 아무 일도 하지 않고 사는 사람들이 있다. 그런 사람들은 복잡한 도시 생활에서는 견디기가 어렵기 때문에 그것을 피해서 살아가는 것이다.

그들은 대체로 찬 바람을 들이마시고 따뜻한 바람을 내쉬는 등 신선한 호흡을 즐기며 자기 건강을 위해서 다른 사람들이 감히 생각할 수 없는 행동을 하는 일이 많다. 그런 사람들은 세상에서 무엇보다 오래 사는 것을 가장 큰 가치로 여긴다.

이렇게 세상에는 온갖 종류의 사람들이 많다. 따라서 만일 신경이 좀 무디고, 유별나게 고상하게 굴지 않으며, 인자하거나 의롭지도 않고, 또 자기 업적이나 이름도 내세우고 싶어하지 않는 사람이 있다면, 그는 퍽 잘 사는 사람 축에 든다.

　만일 멀리 한적한 곳을 찾지 않고, 복잡한 도시에서 살면서도 조용하고 한가하게 살 수 있거나, 영적 기운을 받으려고 도술을 하지 않으면서도 건강하게 오래 살 수 있다면 그 사람이야말로 사람답게 사는 방법을 아는 사람이 아닌가 싶다.

　마음이 늘 담담해서 극단적인 슬픔이나 기쁨에 사로잡히지 않고, 자신의 미덕과 장점을 드러내지 않는 사람, 그리고 한가롭고 조용하게 자연과 벗하며 사는 사람이야말로 성인군자라고 할 수가 있다. 성인군자는 어떤 일에도 마음을 쓰지 않는다. 마음을 쓰지 않으면 평정을 얻고, 평정을 얻으면 걱정 근심이 없어지고 나쁜 기운이 마음 속에 스며들 수가 없다. 그는 복을 불러오는 선행을 하지 않고 화를 스스로 불러들이는 악도 행하지 않는다.

까마귀는 물들이지 않아도 까맣다

:: 서로가 도울 수 없을 바에야 차라리 그들의 존재를 잊어라

어느 날, 공자가 노자를 만나 인의仁義에 대하여 물으니, 노자가 이렇게 대답했다.

"겨를 뿌려 눈에 들어가면 천지 사방의 위치가 바뀌어져서 알 수가 없고, 모기나 등에가 물면 잠을 자지 못할 것이오. 인의도 내 마음을 어수선하게 만들어 아프게 하는 것으로, 이보다 더 큰 어지러움은 없소. 그대도 천하로 하여금 소박함을 잃지 않도록 하고, 그대 자신도 역시 마음대로 부는 바람처럼 움직이고 덕을 거느리도록 하시오. 그런데 어째서 큰 북을 짊어지고 달아난 자식을 힘들여 찾듯이 하시오? 고니는 날마다 목욕을 하지 않아도 하얗고, 까마귀는 날마다 검은 물을 들이지 않아도 까맣소. 흑백의 본질은 논할 것이 못 되고, 명예의 위용도 크다고는 할 수 없소. 물이 마르면 물고기는 서로에게 물기를 뿜어 주고, 물거품으로 서로의 몸을 적셔 주나, 강이

나 호수에 있으면서 서로의 존재를 잊고 지냄만 못 하오."

공자는 노자를 만나고 돌아와서 3일 동안 아무 말도 하지 않았다. 그러자 제자인 자공이 공자에게 물었다.

"스승님께서는 노자를 만나시어 무엇을 바로잡아 주셨습니까?"

"나는 이번에야 비로소 용을 보았느니라. 용은 합치면 몸을 이루고, 흩어지면 아름다운 무늬를 이루며, 구름의 기운을 타고 음과 양의 사이를 날아다닌다. 그래서 나는 벌린 입을 다물 수가 없었고, 혀가 달라붙어 말을 할 수가 없었다. 그러니 내가 어떻게 노자를 바로잡아 줄 수가 있었겠느냐?"

"그렇다면 시체처럼 가만히 있으면서 용처럼 나타나고, 조용하게 있으면서 벼락이 치듯 울리며, 천지처럼 움직이는 사람이 있다는 말씀이십니까? 저도 그 사람을 만날 수 있겠습니까?"

자공은 마침내 공자의 소개로 노자를 만날 수가 있었는데, 노자가 자공에게 물었다.

"그대는 나에게 무엇을 가르치려고 하는가?"

"옛날의 황제들이 천하를 다스린 방법은 틀리나 명성은 똑같습니다. 그런데 선생님만 오직 그들은 성인이 아니라고 하시니 어째서 그렇습니까?"

"젊은이, 그대는 어째서 그들과 틀리다고 생각하는가?"

"요임금은 순임금에게, 순임금은 우禹임금에게 천하를 물려주었습니다. 우임금은 사람의 힘으로 천하를 다스렸고, 은殷나라의 탕왕은 무력으로 천하를 다스렸으며, 주周나라의 문왕文王은 주왕紂王에게 순종하여 감히 거역하지 못했으며, 무왕武王은 주왕에게 거역하여 순종하지 않았습니다. 그래서 서로 같지 않다고 하는 것입니다."

【 천하는 넓고 크다 】

우물 안의 개구리가 되지 마라

∷ 우물 안 개구리는 우물 안이 천하의 전부인 줄로 안다

　황하黃河가 천하에서 가장 큰 물줄기라고 여긴 황하의 신인 하백河伯은 어느 날 강을 따라 북해에 갔다가 끝없는 바다를 보고 얼굴빛이 바뀌면서 탄식을 했다. 그러자 북해의 신인 약若이 하백에게 말했다.
　"우물 안 개구리는 우물 안이 천하의 전부인 줄 알기 때문에 바다를 말할 수 없고, 여름 벌레는 여름이 계절의 전부인 줄 알기 때문에 겨울에 얼음이 언다는 것을 깨달을 수가 없다. 하물며 배움이 얕은 시골 선비가 어찌 감히 도를 말할 수 있겠는가. 하지만 자네는 북해를 본 후에 자네의 생각이 틀렸다는 사실을 깨닫게 되었으니 이제 자네는 내 말을 알아들을 수 있을 것이네. 모든 강물은 바다로 흘러가지만 바닷물이 영원히 바다에 머물러 있는 것이 아니네. 바닷물은 사계절이 바뀌고 가뭄이 들고 장마가져도 조금도 줄지도 않고 넘치지도 않네. 저 큰 바다가 하늘과 땅 사이에 있다는 것은 개미 구멍이

큰 연못 속에 있는 것과 같지 않은가. 중국이 사해 바다에 있다는 것은 벼이삭 하나가 큰 창고에 있다는 것과 같은 말이며, 그것은 사람의 경우에도 해당되는 것이네. 사람도 우주의 만물에 비하면 큰 몸통에 붙어 있는 털끝 하나와 무엇이 다르겠는가. 중국의 다섯 황제가 대물림을 하고 하夏·은殷·주周나라의 왕들이 서로 이웃 나라를 빼앗고 다스리려고 갖은 노력과 수고를 아끼지 않음은 도대체 무슨 뜻이 있겠는가. 백이伯夷는 왕권을 포기해서 큰 명예를 얻었고, 공자孔子는 육경六經을 깨우쳐 뛰어난 학자가 되었네. 그래서 자네는 그들이 대단한 인물이라고 여기겠지만, 잘 생각해 보게. 자네가 황하에 살다가 북해를 보고 황하가 보잘것없는 강이라고 깨닫게 된 것과 무엇이 다르다는 말인가."

작은 지혜는 큰 지혜를 헤아릴 수 없다

∷ 내가 아는 것은 세상의 일부분에 지나지 않을 뿐이다

큰 지혜를 가진 사람은 멀리도 보고 가까이도 보기 때문에, 작다고 업신여기지도 않고 크다고 대단하게 여기지도 않는다. 지혜로운 사람은 과거·현재·미래를 환히 내다보며, 시간은 사람이 빨리 가게 할 수도, 느리게 가게 할 수도, 멈추게 할 수도 없다는 것을 알고 있기 때문에, 오래 산다고 기뻐하지도 않고 빨리 죽는다고 슬퍼하지도 않는다.

사람은 평생을 살아도 세상의 일부만을 깨달을 뿐이고, 세상의 대부분을 모른 채 죽는다. 그러므로 사람은 무엇인가를 좀 안다고 자랑해서는 안 된다. 그가 아는 것은 세상에서 아주 작은 일부분이기 때문이다.

우리가 이 세상에서 사는 시간은 우리가 태어나기 이전에 이미 존재했던 시간과는 비교조차 할 수 없을 만큼 짧은 순간에 지나지 않는다. 영원한 세월에 어찌 사람이 사는 시간을 비교할 수가 있겠는가.

또 우주의 크기에 비하면 우리가 사는 땅은 티끌만도 못하다. 그래서 대체로 작은 것은 큰 것의 전체를 볼 수가 없고, 큰 것은 작은 것을 세밀히 볼 수가 없다. 특히 형상이 없는 마음이나 느낌이나 영혼 같은 것은 크고 작은 것조차 구별이 되지 않는다.

대들보로 쓰는 나무로 성벽을 부술 수는 있어도 구멍을 뚫을 수는 없다. 모든 도구는 쓰이는 곳이 다르기 때문이다. 명마는 하루에 천 리를 달릴 수 있으나 쥐는 한 마리도 잡지 못하고, 살쾡이는 천 리는 달리지 못하지만 쥐를 잘 잡는 것은 기능이 다르기 때문이다. 수리부엉이는 밤에는 벼룩도 잡고 티끌의 움직임도 살필 수 있지만, 낮에는 눈을 아무리 부릅떠도 앞산도 볼 수가 없다. 그것은 성질이 다르기 때문이다.

도를 깨달은 사람도 그와 같다. 도인은 남을 해치지 않고 남에게 은혜를 베풀지만 드러내지 않으며, 재물을 얻으려고 애쓰지 않지만 굳이 마다하지도 않는다. 남의 도움을 바라지도 않고, 탐욕적이고 불결한 사람도 함부로 대하지 않으며, 세상의 어떤 높은 지위도 바라지 않지만 치욕적인 형벌로 남을 욕되게 하지도 않는다. 이처럼 도는 귀천이 따로 없으며, 많고 적음도 없고, 처음도 끝도 없다.

타고난 성품은 바꿀 수 없다

∷ 모든 것은 저마다 타고난 재주와 능력이 있다

소 같은 모습에 뿔도 없고 발 하나에 푸른 빛을 띤 이상한 짐승이 낙엽 밑에서 기어다니는 노래기에게 물었다.

"나는 발이 하나뿐이어서 걷지 못하는데 발이 많아서 빨리 다니는 자네를 보니 부럽네. 어떻게 그렇게 빨리 기어갈 수가 있는가?"

그 말을 듣고 노래기는

"나야 타고난 대로 걸을 뿐이라네."

하고 말했다. 그 다음에 노래기가 뱀을 보고 물었다.

"나는 여러 개의 마디발로 기어가지만 발도 없는 자네는 나보다 더 빠른 것을 보니 부럽기만 하네. 어떻게 자네는 그럴 수가 있는가?"

그러자 뱀이 말했다.

"나는 발이 없이 기어다니도록 타고났는데, 그 까닭을 내가 어찌 알겠는가?"

그러나 뱀은 또 뱀대로 부러워하는 것이 있었다. 그것은 바람이었다. 뱀이 바람에게 물었다.

"나는 몸 속의 등뼈와 갈비뼈를 움직여서 기어가지만 자네는 모습도 없는 것이 북해에서 남해까지 빨리 갈 수 있으니, 도대체 어떻게 해서 재주가 그처럼 뛰어난가?"

그러자 바람이 말했다.

"나는 거칠 것이 없어서 큰 나무도 꺾어 버리고 큰 집도 날려 버릴 수 있지만, 사람이 손가락으로 나를 찔러도 손가락을 부러뜨릴 수가 없고, 발로 나를 밟아도 발을 날려 버릴 수가 없어서 안타깝기만 하다네."

이처럼 타고난 성품과 재능은 바꿀 수가 없다. 각각 하늘로부터 받은 것대로 부러워하지 말고 살아야 한다. 유교의 안빈낙도安貧樂道, 즉 가난을 편안히 여기는 것도 일종의 하늘의 분수를 지키자는 것이다.

우물 안 개구리의 세상 엿보기

:: 모기는 산을 짊어질 수 없고 노래기는 황하를 건널 수 없다

공손 용公孫龍이 위나라 공자를 찾아가서 말했다.

"저는 어려서부터 선생님의 가르침을 받았고, 커서는 인의를 지키고 도에도 밝았으며 지혜가 높아서 어떤 사람도 제 말을 이겨 본 적이 없었습니다. 따라서 저는 스스로 환히 통했다고 믿고 살았습니다만, 장자莊子의 말씀을 들어 보면 제가 아는 것이 아직도 부족해서인지, 아니면 지혜가 모자라서인지 도무지 입을 열 수가 없어서 깊은 절망에 빠지고 말았습니다. 선생님, 장자가 어떤 사람인지 말씀해 주십시오."

그러자 공자가 말했다.

"어느 날, 개구리 한 마리가 동해의 자라에게 '나는 우물 밖 난간 위로 뛰어 올라가기도 하고, 우물 안의 깨진 돌 위에서 쉬기도 하며, 물 속에서 턱을 물 위로 쏙 내밀기도 한다네. 우물 안이야말로 내 세상이고, 내 재주는 장구벌레나 게나 올챙이 따위가 따를 수 없지. 그런데 자네는 왜 내 모습을 구경하러 오지도 않는가?' 하고 말하자 동해의 자라가 개구리에게 이렇게 말했다네. '내가 사는 바다는 천 리나 되는 자로도 넓이를 잴 수가 없고, 천 길이나 되는 자로도 물의 깊이를 잴 수가 없네. 우왕禹王 때는 10년 동안에 홍수가 아홉 번이나 났지만 바닷물의 양이 더 불어나지 않았고, 탕왕湯王 때는 8년 동안에 일곱 번이나 가뭄이 들었으나 바닷물이 더 줄지가 않았다네' 하고 말했지. 그랬더니 개구리는 그 말을 듣고 깜짝 놀라서 정신을 잃었다네. 장자의 말을 이해하기란 모기가 산을 짊어지고 가는 것과 같고, 노래기가 황하를 건너는 것과 같아서 자네가 감당할 수가 없을 것이네. 대체로 지극히 지혜로운 말은 궤변으로 한때의 명성과 이득에 만족하는 저 우물 안의 개구리와 같지 않겠는가. 더욱이 장자의 말은 동서남북 사방으로 환히 통해 있고 그 뜻을 헤아릴 수 없어서, 우주의 근본에서 시작하여 자연의 대도에 이르고 있지. 그러니 자네의 짧은 식견으로 어찌 그 깊은 뜻을 헤아릴 수가 있겠는가? 그것은 마치 대롱 구멍으로 하늘을 바라보거나 송곳으로 땅을 찔러 보는 것과 같네. 자네가 장자를 배우면 그것도 이해할 수 없을 뿐만 아니라 본디 나한테서 배운 것들조차 잊어버리게 될 테니, 그것이 문제일세."

상대방을 유심히 살펴라

:: 새는 깃들일 나무가 아니면 가까이 하지 않는다

혜자가 양梁나라의 재상으로 있을 때 장자가 그를 만나려고 하자, 어떤 사람이 혜자에게 말했다.

"장자가 당신을 대신해서 재상이 되려고 온 것입니다."

이 말을 들은 혜자는 두려워하며 장자를 찾으려고 나라 안을 밤낮으로 3일 동안 돌아다녔으나 찾지 못했는데, 이 소식을 들은 장자가 스스로 혜자를 찾아와서 말했다.

"남쪽에 원추라는 새가 있는데 자네는 알고 있는가? 원추는 남해를 출발하여 북해로 날아가는데, 오동나무가 아니면 머무르지 않으며, 대나무의 열매가 아니면 먹지 않고, 단맛이 나는 샘물이 아니면 마시지 않네. 그런데 썩은 쥐를 얻은 올빼미가 날아가는 원추를 보고 '꽥' 하고 호통을 쳤다네. 자네는 지금 양나라의 재상 자리 때문에 나에게 '꽥' 하고 호통을 치겠다는 것인가?"

장자가 혜자와 함께 호라는 강의 징검다리 위에서 쉬고 있었다. 이때 장자가 혜자에게 말했다.

"피라미가 자연스럽게 물에서 돌아다니고 있는데, 저것이 물고기의 즐거움이라네."

"자네는 물고기가 아닌데, 어떻게 물고기의 즐거움을 아는가?"

이에 장자가 물었다.

"자네는 내가 아닌데, 내가 어떻게 물고기의 즐거움을 모르는지 안다는 말인가?"

"나는 자네가 아니니까 물론 자네의 마음을 모르지. 그러나 마찬가지로 자네도 물고기는 아니니까 자네가 물고기의 즐거움을 모르는 것도 분명하지 않은가?"

이에 장자가 말했다.

"그럼 처음부터 순서대로 알아보세. '자네가 물고기의 즐거움을 아는가?' 한 것은 내가 이미 알고 있음을 알고 나에게 물었던 것이네. 그렇다면 물고기가 아닌 내가 물고기의 마음을 알았다고 해도 이상할 것은 없지 않은가? 나는 호의 징검다리 위에서 벌써 물고기의 마음을 알았던 것이네."

사람이 산다는 것은

∴ 죽어서 대우를 받는 것보다 살아 있음이 좋을 수 있다

장자가 복수에서 낚시질을 하고 있을 때 초楚나라 왕이 대부 두 명을 보내 장자에게 나라 안의 일을 맡아달라고 자신의 뜻을 전했다.

장자는 낚싯대를 잡은 채 돌아보지도 않고 말했다.

"초나라에는 영험한 거북이 죽은 지 3천 년이나 되었지만, 왕이 보로 싸고 상자에 넣어 종묘에 소중히 간직하고 있다고 들었소. 이 거북은 죽은 뒤에 뼈만 남아서 존경하고 숭배받기를 바랐겠소 아니면 살아 남아서 진흙 속에서 꼬리를 끌며 살아 있기를 바랐겠소?"

두 대부는 머뭇거리지 않고 대답했다.

"살아서 진흙 속에 꼬리를 끌며 돌아다니기를 바랐을 테지요."

이에 장자가 말했다.

"그렇다면 돌아가서 왕에게 전하시오. '장자는 진흙 속에서 꼬리를 끌고 돌아다니는 거북이 되겠답니다' 라고 말이오."

세속적인 것에서 벗어나라

∷ 진실이 통하지 않거든 차라리 순종하고 다툼을 피하는 것이 좋다

이 세상에서 참된 기쁨이 무엇인지는 알 수가 없다. 또한 무엇에 기대고 살아야 하며, 무엇을 피하고 무엇을 원하며, 무엇을 좋아하고 무엇을 미워하고 살아야 하는지도 분명히 알 수는 없다.

무릇 사람들은 부귀영화나 장수와 명예를 바란다. 그리고 편안한 삶과 맛있는 음식과 아름다운 옷, 대궐 같은 집을 바라고, 가난과 비천함, 단명短命과 악명惡名을 꺼린다. 또한 질병과 고통을 멀리하려고 한다.

사람들은 싫은 것은 꺼리고 멀리하지만, 좋아하는 것들은 얻지 못해서 안달을 하는데, 좋아하는 것들은 모두 죽으면 썩어 없어질 육체를 만족시키기 위한 것들이 대부분이므로, 좋아하는 것들만 좇는 사람들을 어리석다고 말하는 것이다.

대체로 부자들은 일생 동안 애써 모은 재물을 쌓아 둔 채 다 써 보지도 못하고 세상을 떠나는 일이 많다. 그들이 평생 동안 재물을 얻으려고 그토록 애써 수고한 땀과 노력에 비하면, 재물을 통해 누리는 행복이나 기쁨은 너무나 작다. 고작 그 작은 기쁨을 누리기 위해 부자들은 그토록 있는 힘을 다해 재물을 모으고 늘리는 것이다.

우리는 태어나면서부터 근심과 고통 속에서 산다. 그런데도 사람들은 오래 살기를 간절히 바란다. 그러나 사람이 오래 살면서 누리는 기쁨은 고통스러웠던 시간에 비하면 너무 짧기 때문에 오래 살려고 애쓰는 것은 어리석은 일일 뿐이다.

중국 춘추시대 오나라의 충신 오자서伍子胥는 왕에게 간했다가 거절되자 자결하고 말았다. 이렇게 목숨을 건 사람들은 세상에서 충신으로 우러름을 받으나 자기 목숨을 살릴 수는 없다. 그러므로 그런 일을 하기 전에 헛된 명예심을 바라고 하는 행동은 아닌지 생각해 볼 일이다. 헛된 명예를 위해 목숨을 버리기보다는 '진실한 뜻으로 간청해도 통하지 않거든 순종하고 다투지 않는 것'이 차라리 나을 것이다.

명예를 얻으려는 목적으로 다른 사람과 다투거나, 분별 없는 행동에 휘말려서 떼죽음을 당하는 것은 어리석은 일이다. 그러므로 진정한 기쁨은 세속적인 기쁨에서 벗어나고, 진정한 명예는 세속적인 명예에서 벗어나야 한다.

자신의 성품을 갈고 닦으라

죽음은 본디 왔던 곳으로 되돌아가는 것이다

:: 태어나고 죽는 것은 계절이 변하는 것과 같다

장자莊子의 아내가 죽었을 때 혜자惠子가 문상을 갔다.

그런데 장자는 두 다리를 쭉 뻗고 쟁반을 두드리며 크게 노래를 부르고 있었다.

혜자는 어처구니가 없어서 물었다.

"자네 부인은 자식을 기르고 온갖 고생을 하며 살다가 죽었는데 슬퍼하지도 않다니 그럴 수가 있는가? 또 슬퍼하지 않을 수는 있겠지만 쟁반을 두드리며 노래를 부르는 것은 너무 심하지 않는가?"

그러자 장자가 말했다.

"아내가 죽었는데 어째서 슬프지 않겠는가. 하지만 내 아내가 태어나기 전에는 본디 이 세상에 없었던 목숨이었고, 그래서 본디 형체도 없었으며, 그래서 기氣도 없이 흐리고 아늑한 곳에 있다가 차차 기와 형체가 생겨 생명을 갖추었으며, 이제는 다시 본디 왔던 곳으

로 되돌아간 것이 아닌가. 그것은 계절이 사계절이 차례로 바뀌는 것과 같네. 이제 내 아내는 하늘과 땅 사이의 큰 방에서 다시 평화롭게 잠들어 있어. 그런데 내가 슬프게 큰 소리를 내어 운다면 내 자신이 하늘의 운명을 받아들이지 못하는 것이 아니겠는가?"

생명은 티끌이나 몸의 때와 같다

:: 생명이란 빌린 것이므로 영원히 누릴 수는 없다

지리숙支離叔과 골개숙滑介叔이 황제黃帝가 쉬었던 큰 언덕 등을 구경했다. 그런데 갑자기 골개숙의 왼쪽 팔꿈치에 혹이 생기자 골개숙이 놀라 싫어하는 것 같아서 지리숙이 그에게 물었다.

"그대는 자네 팔꿈치에 난 혹이 싫은가?"

이에 골개숙이 대답했다.

"아니, 내가 어찌 싫어하겠는가. 생명이란 본디 빌린 것이며, 내 팔꿈치에 생긴 혹도 천지의 기운을 빌려 생긴 것이네. 생명이라는 것은 티끌이나 몸에 앉은 때와 같은 것이고, 죽음과 삶은 낮과 밤이 있는 것과 같네. 나 또한 자네와 함께 만물의 변화를 보았고, 그 변화가 나에게 미친 것이므로 어째서 싫어하겠는가."

죽음의 세계

∴ 죽음의 세계에는 왕과 신하, 사계절의 변화도 없다

장자莊子가 초나라에서 앙상하게 바짝 마르고 속이 빈 해골을 보고 말채찍으로 치면서 까닭을 물었다.

"그대는 인생의 욕망을 탐하다가 도리를 잃어 이런 꼴이 되었는가? 아니면 처형당했거나 착하지 못한 짓을 하여 이런 꼴이 되었는가? 그것이 아니면 춥고 배고픈 나머지 병이 들었거나, 수명을 다해서 이렇게 되었는가?"

장자는 말을 끝내고 해골을 베고 누웠는데, 밤중에 해골이 꿈에 나타나서 이렇게 말했다.

"그대가 나에게 한 말은 모두가 살아 있는 인간의 걱정거리뿐인데, 그런 걱정거리는 죽어 버리면 모두 없어지는 것이네. 그대는 죽음에 대해서 이야기를 듣고 싶은가?"

장자가 듣고 싶다고 말하자 해골이 말했다.

"죽음의 세계에는 왕도 없고 신하도 없다네. 또 사계절의 변화가 없으므로 더위나 추위로 고통받는 일도 없지. 다만 천지의 무한한 시간을 봄이나 가을이라고 생각하면 되는 것일세. 그러므로 천하에 왕의 즐거움일지라도 죽음의 세계에서 누리는 즐거움을 따라오지 못한다네."

해골의 말이 끝나자, 장자가 해골에게 다시 인간 세상에 올 마음이 없느냐고 물었더니 이렇게 대답했다.

"내가 어째서 왕과도 같은 즐거움을 버리고 인간 세상의 고통을 다시 겪겠는가."

모든 일은 적성에 맞아야 한다

∷ 새는 숲에서 살아야 하고 물고기는 물에서 사는 것이 좋다

작은 자루로는 큰 물건을 담을 수 없고, 짧은 두레박으로는 깊은 우물의 물을 퍼서 마실 수가 없는 법이다.

옛날에 한 마리의 바닷새가 노나라의 교외 지역으로 날아와 앉았다. 그러자 노나라의 왕은 그 바닷새를 종묘에 데려가서 환영 잔치를 베풀고, 순나라 왕이 즐겨 듣던 음악을 연주해 주고, 양과 돼지고기 등 진수성찬을 차려 대접했다. 그러나 바닷새는 그런 대접을 받고도 눈이 어지러워 잘 못 뜨고 걱정과 슬픔에 잠긴 채, 고기 한 점 먹지 않고, 술 한 잔도 마시지 않다가 3일 만에 죽고 말았다. 노나라의 왕이 새를 자신의 방식대로 대했기 때문이었다.

바닷새는 깊은 숲에 둥지를 마련하여 잘 쉬게 하고, 호수에서 자유롭게 물고기들을 잡아먹도록 하며, 다른 새들과 어울려 놀게 해주는

것이 잘해 주는 것이다. 그런 새에게 환영 잔치가 무슨 소용이고, 산해진미가 무슨 필요가 있으며, 사람도 이해하기 힘든 음악을 들려주는 것이 무슨 소용인가. 그러니 그 새가 살 수가 없는 것은 당연한 일이다.

　그래서 옛 성인들도 사람에 따라 능력의 차이가 있다는 것을 알고 모든 사람을 똑같이 대하지 않았으며, 모든 일을 그 사람의 적성에 맞게 맡겼다.

051

모든 일에 정신을 집중하라

∷ 맡은 일에 정신을 모으면 실수할 틈이 보이지 않는다

공자가 초나라로 갈 때 숲 속에서 곱사등이 한 사람이 매미를 잡고 있었는데, 그는 마치 손으로 매미를 주워 담듯이 잡고 있었다.

공자는 그 모습이 너무 신기해서 물었다.

"매미를 잘 잡는데 무슨 비결이라도 있는 거요?"

그러자 곱사등이가 대답했다.

"물론 비결이 있지요. 오뉴월에 거미줄을 둥글게 뭉친 것 두 개를 장대 끝에 얹고 떨어뜨리지 않으면 매미를 잡는 데 큰 도움이 됩니다. 실수는 더러 있지만요. 하지만 둥근 것 세 개를 얹고 떨어뜨리지 않으면 실수는 10분의 1쯤으로 줄어들고, 다섯 개를 얹고 떨어뜨리지 않으면 매미를 잡는 데 실수가 거의 없습니다. 나는 몸을 고목처럼, 팔은 나뭇가지처럼 벌린 채 움직이지 않습니다. 비록 천지가 크고 만물의 종류가 제아무리 많아도, 나는 오직 매미의 날개만 마음

속에 두고 있습니다. 나는 매미를 잡을 때는 몸을 꼿꼿이 세운 채 주위에 한눈을 팔지 않고 오직 매미의 날개에만 눈길을 모읍니다. 그러면 다른 것들은 내 눈에 들어오지 않습니다. 그러니 어찌 매미를 놓칠 수가 있겠습니까?"

052

사물의 한가운데에 서서 중심을 잡아라

전개지全開之라는 사람이 주周나라 위공威公에게 양생養生의 비법을 말했다.

"노나라에 선표單豹라는 사람이 살았는데 그 사람은 동굴에 살면서 물만 마시고 속세의 사람들과 이익을 놓고 한 번도 다투는 일이 없었습니다. 그래서 그는 나이 70세가 되었으나 얼굴빛이 갓난아이와 같았습니다. 그런데 어느 날 그는 불행하게도 굶주린 호랑이를 만나 잡아먹히고 말았습니다. 또한 장의張毅라는 사람은 고귀한 사람이 사는 집 앞을 지나갈 때는 반드시 종종걸음으로 지나가 경의를 표하는 예의가 바른 인물이었는데, 40세에 열병을 앓다가 죽었습니다. 선표는 마음의 수양은 쌓았지만 몸을 보살피지 않았기 때문에 굶주린 호랑이에게 자기 몸을 바친 꼴이 되었고, 장의는 몸은 잘 보살폈으나 몸의 안을 보살피지 않았기 때문에 그 몸이 열병의 공격을

받아 죽게 된 것입니다. 이 두 사람은 모두 자신에게 모자랐던 점을 감추지 않았기 때문에 그런 불행을 당한 것이지요. 그래서 공자께서 '정신을 돌보는 데만 빠져서 몸을 망치거나, 몸의 건강에만 너무 신경을 써서 마음을 소홀히 하지 마라. 안에 있어도 숨지 말고 밖에 있어도 잘난 척하지 마라. 어느 한쪽으로만 기울지 말고 나무같이 한가운데 서서 중심을 잡아라. 이 세 가지만 잘 지킨다면 양생의 도는 극치에 이른다'고 말씀하신 것입니다."

053

상대의 처지를 바꾸어 생각하라

:: 훌륭하게 죽지 못할 바에야 차라리 사는 것이 낫다

축관이 제사에 쓸 제물을 준비하려고 예복을 입고 돼지 우리에 가서 돼지에게 말했다.

"너는 죽기를 싫어할 이유가 없다. 나는 석 달 동안이나 너를 잘 길렀다. 그리고 10일 동안 내 몸을 깨끗이 씻고 3일 동안 부정을 피하여, 너를 잡아서 요리한 다음 네 어깻살과 엉덩이살을 잘 베어서 신에게 바치려는 것이다. 그만 하면 너는 큰 대우를 받으며 죽는 것인데, 서러울 것이 무엇이냐?"

사람들도 이런 돼지를 보고

"구질구질하게 우리 안에서 쌀겨나 지게미를 먹고 사는 것보나는 죽는 것이 낫다."

고 말하면서도 자신의 경우는 다르게 생각한다.

사람들은 크게 이름을 떨쳐 죽은 뒤에 좋은 관 속에 들어가 장례식

　을 치르지 못할 바에야 굶주리고 가난하더라도 차라리 사는 것이 낫다고 생각하는 것이다.
　돼지를 보면서는 구질구질하게 사는 것보다는 죽는 것이 좋다고 생각하면서도, 자신의 경우에는 다른 생각을 하니 알 수 없는 일이다.

054

온전한 덕을 갖추어라

:: 사물은 재촉하지 않아도 때가 되면 스스로 이루어진다

기성자라는 사람이 왕의 구경거리를 위해 싸움닭을 기르고 있었다. 10일이 지나자 왕이 기성자에게 물었다.

"닭은 쓸 만한가?"

"아직 멀었습니다. 지금은 건방져서 허세만 부리고 자기의 기운만 믿고 있습니다."

그 뒤로 10일이 지나자 왕이 또 물었다.

"이제는 쓸 만한가?"

"아직 멀었습니다. 다른 닭의 울음소리를 듣거나 그림자만 보아도 덤벼들려고 합니다."

10일이 지나자 왕이 기성자에게 또 물었다. 그러자 기성자가 답답하다는 듯이 대답했다.

"아직도 더 기다려야 되겠습니다. 지금은 다른 닭의 모습을 노려

보고 기운이 팔팔합니다."

10일이 지나자 왕이 지쳤다는 듯이 다시 묻자 기성자가 비로소 웃으며 대답했다.

"이제는 되었습니다. 다른 닭이 지분거리며 싸움을 걸어도 전혀 움직이려고 하지 않는 것이 멀리서 보면 마치 나무로 만든 닭 같습니다. 이제는 어떤 닭도 당하지 못할 테고, 이 닭의 모습만 보아도 달아나고 말 것입니다. 비로소 덕을 온전하게 갖추었기 때문에 이제는 싸움을 시켜 볼 만합니다."

055

자신의 본성을 갈고 닦으라

∴ 자연스럽게 사는 것이 편하면 그것이 본성이다

어느 날, 공자가 여량呂梁이라는 곳으로 놀러 갔다. 그곳은 높이가 30길이나 되는 폭포에서 떨어지는 물길이 40여 리나 흐르고 있었다. 그곳은 물고기나 자라도 헤엄을 칠 수 없는 몹시 험악한 곳이었다. 바로 그 때 한 남자가 그 물 속으로 뛰어들었다.

공자는 그가 살기가 싫어서 자살하려는 줄 알고 제자들에게 그를 구해 주도록 했다. 제자들이 물길을 따라 뛰어갔는데, 그 남자는 물 속에서 거뜬히 나와서 머리를 말리며 노래를 불렀다. 공자가 그 남자에게 다가가서 물었다.

"나는 당신이 저런 위험한 물 속으로 뛰어들기에 처음에는 자살하려는 줄 알았소. 헤엄치는 솜씨가 보통이 아닌데 무슨 비결이라도 있소?"

그러자 그 남자가 대답했다.

"제게는 별다른 비결이 없습니다. 저는 타고난 재능을 살려 꾸준

히 갈고 닦은 덕분에 헤엄치는 일이 지금은 평소의 습관처럼 되었으며, 자연의 천명대로 이루고 있을 뿐입니다. 저는 소용돌이와 함께 물 속으로 들어가고 다시 밀려나오는 물길을 타고 자연스럽게 나오기 때문에 애써 힘쓰는 일이 없습니다. 그것이 제가 이곳에서 마음대로 헤엄을 칠 수 있는 까닭입니다."

"평소의 습관대로 시작하고, 본성대로 나아가고, 천명대로 이루고 있다는 말이 무슨 뜻이오?"

"땅에서 태어나서 땅에서 사는 것이 편하다면 그렇게 타고났다는 뜻이며, 물 속에서 태어나서 물 속에서 사는 것이 편하다면 그것이 바로 본성이라고 할 수 있겠습니다만, 저는 땅에서 태어나 헤엄을 칠 줄 모르면서도 부지런히 연습하여 지금은 마치 물 속에서 태어난 것처럼 물이 편하게 되었으니 이것 역시 천명이 아니라고 할 수 있겠습니까?"

【 마음을 비워라 】

자신의 지혜를 뽐내지 마라

∴ 자신을 드러내어 상대를 괴롭히면 언젠가는 자신에게 돌아온다

노나라의 손휴孫休라는 사람이 스승인 편경자扁慶子를 몸소 찾아가서 말했다.

"저는 고향에서 인격이나 품행이 나쁘다는 말을 한 번도 듣지 않고 살았으며, 어려운 일을 당했을 때에도 용기가 없다는 말을 들어보지 않고 살았습니다. 그러나 농사를 지으면 번번이 흉작일 뿐만 아니라, 왕도 지극정성으로 섬겼으나 때를 잘못 만나 출세할 기회도 얻지 못했으며, 고향에서는 사람들의 미움을 받아 쫓겨나기까지 했습니다. 제가 하늘에 무슨 죄를 저질렀기에 이런 고난을 당해야 하는지 정말 알 수가 없습니다. 스승님께서 가르쳐 주십시오."

그러자 편경자가 손휴에게 말했다.

"너는 지금까지 군자가 어떻게 처신하고 살아야 하는지를 모르는구나. 군자는 자기의 간과 쓸개까지도 남에게 내줄 각오가 되어 있

어야 한다. 눈이 있고 귀가 있어도 세상의 속된 것을 보고 듣지 못한 것처럼 살아야 하고, 안 되는 일을 억지로 애써 이루려고 버둥거려서도 안 되는 법이다. 특히 어떤 일에 성공을 했더라도 자기 능력을 너무 믿어서는 안 되며, 그 성공을 자기 공로로 삼아서도 안 된다. 그런데 너는 항상 자신의 지혜로움을 내세워 어리석은 사람들을 몸 둘 바를 모르게 만들었고, 자신이 높은 수양을 쌓았다고 해서 남의 잘잘못을 밝은 대낮처럼 드러내거나 따지려고만 하지 않았느냐? 그러면서도 네가 지금까지 남들로부터 큰 화를 당하지 않고 다만 고향에서 쫓겨난 것뿐이니 참으로 다행한 일이 아닐 수 없다. 그렇게 허물이 많은 네가 어찌 감히 하늘을 원망할 자격이 있느냐?"

속세에서 살려거든 속세와 어울리라

:: 세상의 모든 것들은 서로 이해관계에 얽혀 있다

어느 날, 장자가 조릉雕陵의 울타리 안을 거닐고 있다가 이상한 까치 한 마리가 남쪽에서 날아오는 것을 보았다. 까치의 날개는 너비가 일곱 자나 되고, 눈의 둘레도 한 치나 되었다. 그 까치가 장자의 이마 위를 거의 스치고 날아가 밤나무 숲에 앉자 장자는 까치를 바라보며 중얼거렸다.

"저 까치는 도대체 어떤 까치이기에 저렇게 큰 날개를 가지고도 높이 날지 못하고, 큰 눈을 갖고도 사람을 보지 못하는가. 하마터면 나와 부딪칠 뻔하지 않았는가. 그래 저 까치를 잡아 보자."

장자는 곧 팔을 걷어붙이고 활을 잡아 까치를 겨누었다.

바로 그 때 자세히 살펴보니 까치 옆에 매미 한 마리가 넋을 잃고 노래를 부르고 있었는데, 바로 옆에는 사마귀가 나뭇잎 사이에 숨어서 매미를 잡아먹으려고 노려보고 있는 중이었다. 그런데 사마귀 옆에는 까치가 사마귀를 잡아먹으려고 눈독을 들이고 있었다. 그런데 장자는 까치를 잡으려고 노리고 있었던 것이다. 바로 그 순간 장자는 크게 놀랐다.

"아아, 이 세상은 모든 것들이 서로 이해관계로 얽혀 있구나."

장자는 곧 활을 버리고 돌아섰다. 바로 그 때 밤나무 숲을 지키던 사람이 쫓아와서 장자가 밤을 몰래 따러 온 사람인 줄 알고 욕설을 마구 퍼부었다.

장자는 집에 돌아온 후 3개월 동안 출입을 하지 않았다. 그러자 제자인 인저藺且가 찾아와서 깨닭을 묻자 장자가 대답했다.

"나는 사물에 마음이 빼앗겨 내 자신을 잊고 살았다. 늘 흙탕물만 보고 사느라 맑은 연못이 있다는 것을 잊었던 것처럼 말이다. 내가 언젠가 스승인 노자에게 물었더니 '속세에서 살려거든 속세와 잘 어울려 살라'고 말씀하셨는데, 지금 생각해 보니 내가 마치 새장 속에서만 살다가 내가 새라는 것을 잊었고, 밤나무 숲에 갔다가 이상한 까치를 만나서 내가 누군가를 깜박 잊었던 것 같다. 그래서 나는 밤나무 숲을 지키는 사람에게 도둑의 누명을 쓰고 욕설을 들은 후에 내가 한 행동을 뉘우치느라고 한동안 출입을 삼갔던 것이다."

권력에 대한 집착을 버려라

∷ 욕심을 버리면 살 길이 보인다

　초나라의 의료宜僚가 노나라 왕을 만났을 때 그의 얼굴에는 큰 근심이 서려 있었다. 의료가 왕에게 무슨 걱정이 있느냐고 묻자 왕이 이렇게 말했다.

　"과인은 선왕들로부터 도를 배우고 왕업을 닦았소. 귀신을 공경하고, 현명한 사람들을 받들고 존경했으며, 친히 이를 실행하여 친교를 나누면서 신중히 행동을 하여 잠시라도 흐트러짐이 없이 나랏일을 보살폈으나, 이 나라에는 온갖 어려움과 재난이 그치지 않고 있으니 어찌 된 일인지 그 까닭을 알 수가 없구려."

　그러자 의료가 말했다.

　"사나운 맹수들이 소리 없이 조용히 움직이는 것은 먹이를 사냥하기 위해서입니다. 그들은 비록 목이 마르고 배가 고파도 사람들을 피해서 조용한 강이나 호숫가에서 먹이를 찾아 헤맵니다. 그렇게 조심하고 경계하면서도 사람의 덫이나 함정에 걸리는 운명을 피할 도리가 없습니다. 그것은 그들에게 죄가 있어서가 아니라 사람들이 좋아하는 아름답고 부드러운 털과 가죽을 갖고 있기 때문입니다. 그렇다면 폐하가 가진 가죽은 무엇이겠습니까? 폐하에게는 노나라가 바로 표범의 가죽 같은 존재입니다. 그러니 폐하는 우선 노나라를 잘 다스려 보겠다는 욕심부터 버리시고 속마음을 깨끗이 닦아 내셔야 합니다. 사람들이 이상적인 나라로 일컫는 건덕健德이라는 나라의 백성들은 어리석지만 소박하여 욕심이 없이 삽니다. 그들은 농사를 지을 줄만 알지 쌓아 둘 줄을 모르며, 남을 퍼주기만 했지 갚으라는 말을 몰랐으며, 의로움이라는 말이 무슨 뜻이며 예의라는 것이 어디에 써먹는 것인지도 몰랐지만 대자연의 법도를 따라 삶을 즐기고 죽으면 편하게 장례를 치렀습니다. 이제 폐하께서는 노나라를 마음 속에서 지우시고 속세의 일들도 잊으십시오. 왕의 지위를 믿고 위세를 부리려고 한다거나, 사치스러운 대궐을 위한 비용도 줄이셔야 합니다. 권력에 대한 집착을 버려야 참된 권력을 쥐게 됩니다. 요堯처럼, 백성들 위에 서려고 하지도 말고, 다스림을 당하지도 않는 강한 군주가 되어야 합니다. 그렇게 하시면 근심이 사라질 것입니다."

마음을 비우라

∷ 스스로 자신의 공로를 높이는자는 공로를 잃게 된다

공자가 초나라 소왕의 초대를 받아 가는 도중에 진陳나라와 채蔡나라 사이에서 포위되어 7일 동안이나 음식물을 먹지 못하고 있을 때에 태공太公인 임任이 공자를 찾아가서 말했다.

"선생은 죽음을 싫어하시오?"

공자는 그렇다고 말했다. 그러자 태공이 말했다.

"동해에 의태意怠라는 새가 살고 있는데, 그 새는 잘 날지 못해서 자기들끼리 날개를 서로 부추겨 주면서 날고, 떼를 지어서 깃들곤 한답니다. 날 때는 앞장서지 않고 물러설 때는 뒤에 처지지 않고, 먹을 때는 남보다 먼저 먹지 않고, 반드시 남이 먹다 남긴 찌꺼기만 먹습니다. 그 새는 다른 새들과 함께 날아갈 때는 따돌림을 당하지 않고, 게다가 해를 끼치지 않기 때문에 사람들이 잡지도 않아서 화를 면하는 것이지요. 곧은 나무는 다른 나무들보다 먼저 베어지고, 물

맛이 좋은 우물은 빨리 바닥이 드러납니다. 내가 보기에 선생은 지식이 높아서 늘 어리석은 사람들을 놀라게 하고, 많은 덕을 쌓았기에 남의 잘못을 곧잘 들추어 내어 자신의 모습을 해나 달처럼 항상 환하게 드러내고 있으니 어찌 재난을 면하지 않을 수가 있겠습니까? 전에 노자가 '스스로 공로를 높이는 자는 공로를 잃고, 명예를 얻은 자가 그 명예를 계속 써먹으려고 하다가는 결국 망신만 당한다' 라고 한 말이 생각납니다. 어리석은 사람들은 자기 공로와 명예를 절대로 남에게 돌리려고 하지 않는 법입니다. 그러니 유명해지려고 하지 말고, 공덕을 남에게 돌리며, 마음을 깨끗이 비우고 행동을 올곧게 하여 자신의 흔적을 없애고, 권력과 명예를 좇지 말고, 남을 꾸짖지도 말고, 남에게 꾸지람도 받지 말아야 합니다. 그런데 선생은 지금까지 어떻게 했습니까?"

그 말을 들은 후부터 공자는 사람과의 교제도 끊고 허름한 옷을 입고, 도토리와 밤만 먹고 살았다. 그 후부터는 짐승들이나 새들도 공자만 보면 좋아했는데 하물며 사람들은 어찌 좋아하지 않을 수 있었겠는가.

사람은 때를 잘 만나야 한다

:: 처한 환경이 나쁘면 재주를 충분히 떨치지 못한다

어느 날, 장자가 누덕누덕 기운 베옷을 입고 삼으로 얽어맨 신발을 신고 위魏나라 왕을 찾아갔다.

그러자 왕이 깜짝 놀라서,

"선생께서 어디가 편찮으시기에 그렇게 누추하고 초라한 행색을 하고 계십니까?"

하고 물었다.

이에 장자는 이렇게 대답했다.

"저는 가난한 것이지 결코 병이 든 것이 아닙니다. 선비가 덕을 갖추고도 실천하지 못하면 고달픈 것입니다. 가난한 것은 결코 초라한 것이 아니며 아직 때를 못 만났을 뿐입니다. 폐하께서는 원숭이를 못 보셨습니까? 원숭이가 굴거리나무나 가래나무 녹나무처럼 크고 좋은 나무 위에서는 재주가 너무 훌륭하여 예나 봉몽逢蒙 같은 활

쏘기의 명수라도 원숭이를 맞힐 수가 없습니다. 하지만 원숭이가 가시나무나 탱자나무 같은 가시가 돋친 나무 위에 매달려 있을 때는 곁눈질로 살피고 벌벌 떨면서 두려워합니다. 그것은 원숭이가 어디 아파서 그런 것이 아니라 처해진 환경이 나빠서 자기 재주를 충분히 떨치지 못하기 때문입니다. 지금처럼 못된 왕과 신하들이 나라를 잘못 다스리는 세상에서는 어떤 선비도 누추하고 초라할 수밖에 없습니다. 그것은 저 은나라의 충신 비간比干이 조카인 주왕紂王에게 곧은 말을 하다가 가슴이 찢겨 죽음을 당한 것을 보아도 잘 알 수 있는 일입니다."

자연의 변화에 따르라

:: 사람이 세상에 사는 것은 자연의 이치에 따라 태어났기 때문이다

어느 날, 공자가 제자 안회顔回에게 말했다.

"어떤 사람이 부귀영화를 누리고 높은 지위를 차지하게 된 것은 운 좋게도 때를 잘 만나 세상 일이 순조롭게 돌아가서 그렇게 된 것이지, 그 사람이 본디부터 그런 운명을 가지고 태어난 것은 아니다. 따라서 사람의 운명은 필연적인 것이 아니라 우연히 그렇게 된 것이다. 특히 군자는 재물이나 권력이나 명예를 빼앗거나 훔쳐서는 안 된다. 그런데 어떤 사람이 군자라고 스스로 일컬으면서도 재물과 권력과 명예를 가지고 있다면 그 이유는 무엇인가? 어떤 사람은 그것을 이렇게 빗대서 말한다. '새 중에 제비보다 더 지혜로운 새는 없습니다. 제비는 제 집을 짓기에 좋지 않은 곳이라는 느낌이 들면 비록 입에 물고 있던 것을 놓치더라도 뒤도 돌아보지 않고 가버립니다. 제비는 사람을 두려워합니다. 그런데도 제비가 사람이 사는 집 처마

에 집을 짓는 것은 사람의 집처럼 안전한 곳이 없기 때문입니다. 그것은 곧 사당을 모신 사람이 그 집을 두고 다른 곳으로 이사를 갈 수 없는 이치와 같습니다.' 그렇다면 군자는 재물과 권력과 명예를 멀리해야 하지만 그런 것들 속에서 편히 사는 것이 가장 안전하기 때문에 그것들과 가까이 있는 것이라고 볼 수 있지 않겠느냐? 사람이 이 세상에 살게 된 것은 자연의 이치에 따라 태어나서 사는 것이다. 그리고 사람이 사는 이 세상도 결국은 자연의 조화에 따라 생겨난 것이다. 때문에 사람은 대자연에 순응하고 사는 것이 마땅한 일이다. 그러나 사람들은 때때로 대자연을 거슬러 산다. 자신의 욕심에 마음을 빼앗기기 때문이다. 그러나 성인은 이미 그런 대자연의 이치에 환히 통하여 언제나 편안하게 자연의 변화에 몸을 맡긴 채 삶을 마치기 때문에 하늘과 그 뜻이 통할 수 있는 것이다."

대도大道를 걸어야 화를 면할 수 있다

:: 쓸모가 있기도 하고 없기도 한 그것이 바로 중용하다

어느 날, 장자가 산길을 가다가 가지가 굵고 잎이 무성한 큰 나무 밑에서 쉬고 있는 나무꾼을 만났다. 장자는 나무꾼에게 이렇게 좋은 나무를 지금까지 왜 베지 않았느냐고 물었다.

그러자 나무꾼이 대답했다.

"이 나무는 별로 쓸모가 없습니다."

"쓸모가 없었기에 지금까지 살아남을 수 있었군."

곧이어 장자는 산에서 내려와 친구의 집에서 하룻밤을 묵게 되었다. 그 친구는 장자가 찾아오자 너무 기뻐서 하인에게 집에 있는 기러기를 잡아서 요리를 하라고 시켰다.

그러자 하인이 주인에게 물었다.

"집에는 잘 우는 놈과 울지 않는 놈, 두 마리가 있는데 어떤 놈을 잡을까요?"

주인은 울지 않는 기러기를 잡으라고 말했다.

그 다음 날, 제자들이 장자에게 물었다.

"어제 산에서 본 나무는 쓸모가 없었기에 베어지지 않았고, 이 집의 기러기는 울지 않았기에 목숨을 잃게 되었습니다. 스승님께서는 어느 쪽이 옳다고 생각하십니까?"

그러자 장자가 제자에게 말했다.

"나는 쓸모가 있기도 하고 쓸모가 없기도 한 바로 그 중간이 좋다고 말하고 싶다. 그 말은 얼핏 들으면 중용을 말하는 것과 비슷하지만 사실은 그것을 참된 도라고는 말할 수 없다. 따라서 화를 면할 길은 없다. 무릇 도덕을 내세우며 사는 사람들은 명예 따위도 무시하려고 하지만 그렇다고 남의 비난을 듣고 싶어하지도 않는다. 그들은 어느 때는 용이 되었다가 또 어느 때는 뱀이 된다. 그렇게 경우에 따라 기회를 잘 잡아서 자신의 모습을 계속 바꾼다. 그런 사람들은 어느 것 한 가지에만 집착하거나 내세우는 일이 없다. 올라가야 할 때는 잘도 내려간다. 그렇게 무슨 일에나 잘 적응하고 사는데 화를 당할 이유가 있겠느냐. 그것이야말로 신농씨神農氏와 황제黃帝의 법칙이라고 말할 수 있다. 그러나 세상의 이치란 반드시 그런 것만은 아니다. 사람은 만남이 있으면 이별이 있고, 명예를 얻으면 한편으로는 비난을 받아야 하고, 모난 돌은 정을 맞아야 하고, 명성이 높아지면 미움도 많아지는 법이고, 돈이 많으면 시샘을 받아야 하고, 일을 이루면 깨어지기도 하고, 어질면 음모를 받으며, 어리석으면 속임수를 당해야 한다. 그런데 어떻게 쓸모가 있다고 해서 화를 당하지 않을 수가 있으며, 쓸모가 없다고 해서 화를 면할 수가 있겠느냐. 결국 어느 쪽이든 재앙을 피할 수는 없는 법이다. 그래서 이 세상은 슬픈 것이 아니겠느냐? 그러니 너희들은 무슨 일에나 시비를 뛰어넘어 대도를 걷는 사람만이 화를 면할 수 있다는 것을 잘 알아두어라."

【 대자연의 진리 】

온전한 덕을 갖춘 사람

:: 온전한 덕을 갖추어야 군자라고 할 수 있다

전자방田子方이 위魏나라 문후文侯를 모시고 앉을 때면 계공谿公을 자주 칭찬했다. 어느 날, 문후가 전자방에게 물었다.

"계공은 그대의 스승이오?"

"아닙니다. 저와 같은 고향 사람인데, 도에 합당한 말을 자주 하므로 제가 칭찬한 것입니다."

"그러면 그대에게는 스승이 없소?"

"있습니다."

"그대의 스승은 어떤 사람이오?"

이에 전자방이 대답했다.

"동곽순자東郭順子라고 합니다."

"그렇다면 어째서 그대는 그 스승에 대해서 한 번도 들려 주지 않소?"

문후가 묻자 전자방이 대답했다.

"그분은 진실하여, 사람의 모양을 하고 있으나 천심天心을 가지고 있고, 만물의 변화에 따르면서도 자기의 참된 본성을 보전하고, 깨끗하고 맑으면서도 만물을 감싸안고 있습니다. 그분은 도가 없는 사람을 보면 자세를 고쳐 그가 나쁜 마음을 없애도록 합니다. 그런 스승님에 대해서 제가 어찌 다 말씀드릴 수가 있겠습니까?"

전자방이 이야기를 끝내고 나가자 문후는 하루 종일 침묵을 지키다가 앞에 서 있는 신하를 불러 한숨을 내쉬며 말했다.

"온전한 덕을 갖춘 군자와는 과인이 너무도 멀구나. 전자방의 스승에 대한 이야기를 들으니 과인의 몸이 풀어져서 움직일 수가 없고 입이 다물어져 말이 나오지 않는다. 과인에게 있어서 이 나라는 진실로 번거로운 방해물밖에 되지 않는다는 것을 비로소 깨달았다. 과인이 배운 것이란 진흙으로 만든 인형에 지나지 않는다."

064

군자는 군자를 알아본다

:: 윗사람에게 간하는 것은 아비를 대하듯 하고 아랫사람에게는 자식을 대하듯 하라

초나라의 은자 온백溫伯이 제齊나라로 가는 길에 노나라에서 하루를 묵었는데, 노나라 사람이 만나기를 청하므로 그가 말했다.

"만날 수 없다. 내가 듣기로는 '노나라의 군자는 예의에는 밝지만 인간의 마음을 아는 데에는 서투르다'고 하니 만나고 싶지 않다."

그 뒤로 제나라에 갔다가 돌아오는 길에 노나라에서 또 하루를 묵었는데, 그 사람이 다시 만나기를 청하자 온백이 말했다.

"먼젓번에도 만나자고 청했고 이번에도 또 만나자고 청하니, 이는 반드시 나를 깨우쳐 주려는 것이 있는 모양이구나."

그런 후 밖으로 나가 그 사람을 만나고 들어오더니 탄식했다. 그리고 이튿날에도 그 사람을 만나고 들어오더니 탄식하자 종이 물었다.

"그 사람을 만나고 오실 때마다 탄식을 하시니 무슨 까닭입니까?"

"전에도 내가 노나라 사람은 예의는 밝으나 인간의 마음을 아는

데는 서투르다고 말하지 않더냐? 내가 만난 그 사람은 나아가고 물러가는 것이 법도에 맞고, 침착하고 흔들리지 않는 모습이 마치 범이나 용과 같았다. 또한 나를 간하는 것이 마치 자식이 아비를 대하듯이 하였고, 나를 타이르는 것은 아비가 자식을 대하듯이 했으므로 탄식한 것이다."

그런데 이번에는 공자가 온백을 만나고 왔으나 침묵을 지키고 있었으므로, 제자인 자로子路가 이상하게 여기고 물었다.

"스승님께서는 꽤 오래 전부터 온백을 만나고 싶어하셨습니다. 그런데 이제 만나시고는 그에 대해 아무런 말씀도 하시지 않으니 어찌 된 까닭입니까?"

이에 공자가 대답했다.

"온백과 같은 인물은 한눈에 보아도 도를 갖추고 있음을 알 수 있다. 그러니 내가 무슨 말을 하겠느냐."

변화하는 현실 속에 참된 도가 있다

:: 도는 변화하는 겉모습의 현상에 머물러 있는 것이 아니다

"스승님께서 도를 말씀하시면 저도 도를 말했고, 스승님께서 걸으시면 저도 걷고, 스승님께서 뛰시면 저도 뛰었습니다. 하지만 스승님께서 천마를 타고 먼지 하나 일으키지 않고 하늘을 달릴 때 저는 그저 눈만 크게 뜬 채 바라보기만 합니다."

안연顔淵의 말에 공자는 다음과 같이 말했다.

"사람에게는 육체의 죽음보다 마음의 죽음이 더 큰 슬픔이 된다. 해가 동쪽에서 떠서 서쪽으로 진다는 것은 이 세상의 만물이 모두 그 기준에 맞추어 삶의 방향이 정해진다는 뜻이다. 해가 떠야 사람들의 생활이 시작되고 해가 져야 그 날의 생활이 끝난다. 그것은 해가 떠야 세상이 보인다는 뜻이므로 해가 없으면 이 세상도 보이지 않는 셈이다. 사람뿐만 아니라 대자연의 이치나 조화도 거기서 예외가 아니다. 대자연의 삶과 죽음도 인간처럼 해에 달려 있는 것이다. 사람이 대자연의 조화에 따라 육체를 받은 이상, 그 조화를 바꾸어서는 안 된다. 따라서 사람은 대자연에 자신의 몸을 맡겨 거기에 순순히 따르고 살면 된다. 그래서 나는 내 자신을 매일 자연에 맡기고 살고 있다. 그러나 너는 그런 나의 겉모습만을 보고 따라서 하려고 할 뿐 네 눈에 보이지 않는 깊은 뜻을 헤아리지 못하고 있다. 잘 들어 보아라. 도는 변화하는 겉모습의 현상에 머물러 있는 것이 아니라 변화하는 현실 속에 참된 도가 있는 것이다. 그래서 너는 내 가르침이 눈에 보이는 듯하다가 잠깐 동안에 저만치 뒤에 처져 있다는 것을 느끼게 된다. 있는 힘을 다해서 배우고 쫓아오지만 다 배웠다 싶으면 그 목표가 저 앞에 다시 있어서 끝내는 쫓아갈 방법이 없는 것 같아 보인다. 그것이 바로 도가 딱 정해진 채 머물러 있는 것이 아니라는 뜻이다. 그것은 마치 네가 말을 사러 시장에 가는 도중에 시장까지 가지 않고 말을 사려고 하기 때문에 생기는 결과와 같다. 그러니 내 가르침도 때가 지나면 마음 속에 담아 두지 말고 빨리 잊어야 한다. 내 말에 잘 따르는 것도 빨리 잊어야 한다. 너는 그것이 무척 걱정이 되겠지만 걱정할 필요가 없다. 왜냐하면 네가 나를 잊는다 해도 내게는 변하지 않는 내가 언제까지나 있기 때문이다."

대자연의 조화는 아무도 모른다

∷ 삶이 태어난 곳이 있으면 죽음 또한 되돌아가는 곳이 있다

공자가 어느 날 노자를 만나러 갔을 때 노자는 감은 머리를 햇볕에 말리는지 꼼짝 않고 앉아 있었다. 공자는 노자의 그 모습이 사람 같아 보이지 않았다. 잠시 후에 공자가 노자에게 말했다.

"제가 잠깐 홀렸는지 선생님의 몸이 마치 마른 나무 같아 보였을 뿐만 아니라 그 모습이 마치 절대적인 경지에 홀로 계신 것 같아 보였습니다."

그러자 노자가 말했다.

"참된 도는 아무리 알려고 애써도 마음만 괴로울 뿐 알 수가 없고, 아무리 나타내려고 해도 입만 벌어질 뿐 말할 수가 없소. 하지만 내가 그대를 위해 특별히 그 뜻을 대략만 말해 주겠소. 음기는 차고 양기는 뜨거운데, 음기는 하늘에서 나오고 양기는 땅에서 나오지요. 이 음양의 두 기운이 서로 조화를 이루어 이 세상의 만물을 만들었

소. 이 모든 엄청난 일들을 주관하는 전능한 신이 있는 것 같기는 한데 모습을 볼 수가 없으니 안타까울 뿐이오. 세상에는 계절이 차례대로 바뀌고 있고, 만물은 태어났다가 사라지며 해와 달은 계속 바뀌고 밤과 낮도 바뀌는데, 자연이 왜 그런 조화를 부리는 것인지 누가 알겠소? 삶이 태어나는 곳이 있으면 죽음으로 되돌아가는 곳이 있는데, 이처럼 삶과 죽음이 되풀이 되는 것은 끝이 없소. 물론 그럴 만한 까닭이 있겠지만 그것이 언제까지 그럴 수 있는 것인지는 누가 알겠소. 바로 그런 도를 아는 자가 아니면 어느 누구도 감히 절대자라고 말할 수 없는 것이오."

세속적인 이해와 득실을 따지지 마라

 가장 귀한 진리는 다른 곳이 아닌 내 몸 안에 있다

공자가 노자에게 절대적인 도의 경지에 이르는 길을 묻자 노자가 말했다.

"풀을 먹고 사는 동물은 숲과 풀밭에서 살아야 하고, 물벌레는 물 속에서만 살아야 하오. 따라서 동물들의 생태가 바뀌지 않는 한, 환경이 조금만 바뀌어도 그것들은 살 수가 없을 것이오. 이 세상의 만물은 모두 한데 어울려 살고 있소. 자신이 만물과 하나의 몸을 이루고 있다고 생각해 보시오. 그리고 우리 신체의 각 부분은 먼지나 티끌들이 모여서 이루어진 것이라고 생각해 보시오. 이 세상은 삶과 죽음이 영원히 계속해서 되풀이 되고 있고, 시작과 끝도 없으며, 우리도 만물의 변화와 함께 태어나고 죽으면서 변화하고 있다면, 삶과 죽음 때문에 괴로워해야 할 이유도, 시작과 끝에 마음을 둘 까닭도 없을 것이오. 그런데 하물며 그 짧은 일생 동안에 세속적인 이해와 득실을 따지고 행복과 불행 따위를 사사건건 따져서 마음 속에 담아 둘 필요가 뭐가 있겠소. 특히 권세나 지위가 높은 사람들은 자기가 부리는 하인이 조금만 잘못해도 진흙 속에 쉽게 내동댕이치는데, 그것은 자기 몸이 하인보다도 더 귀중하다고 여기기 때문이오. 가장 귀한 진리는 다른 데 있는 것이 아니라 바로 내 몸 안에 있는 것이기에, 외적인 조건이 아무리 변해도 내 속의 진리는 변하지 않는 것이오. 만물은 그 변화가 처음부터 끝이 없는 것인데 도대체 무슨 까닭으로 자기 마음을 괴롭히겠소. 이것이야말로 오직 도를 깨달은 사람만이 할 수 있는 일이오."

그러자 공자가 말했다.

"선생께서는 그처럼 지극한 진리로 마음을 닦으셨군요. 선생이 아니면 누가 그런 말씀을 저에게 해주겠습니까."

그러자 노자가 말했다.

"물이 흐르는 것은 물이 애써 노력해서 흐르는 것이 아니라 흐르는 본성을 타고났기 때문이오. 그와 마찬가지로 군자도 노력해서 군자가 되는 것이 아니라 타고났기 때문이지요. 그것은 마치 하늘은 저절로 높고 땅은 저절로 두터우며, 해와 달이 스스로 밝은 것과 같은 것이오. 그런데 내가 무슨 도를 닦았다고 말하시오."

공자는 집으로 돌아와 제자인 안회에게 말했다.

"나의 도는 초를 담은 항아리 속의 초파리 같았다. 그 분이 항아리의 뚜껑을 열어 주지 않았더라면 나는 세상의 위대한 진면목을 모를 뻔했다."

옷차림으로 상대를 판단하지 마라

:: 군자의 참된 모습은 옷차림으로 나타나지 않는다

장자가 노나라의 애공哀公을 만났을 때 애공이 말했다.

"우리 노나라에는 학자가 많지만 선생의 학문을 배우는 사람들은 아주 적습니다."

그러자 장자는

"그렇다면 노나라에는 학자가 많은 것이 아니지요."

라고 말했다. 애공이 웃으면서 장자에게 말했다.

"노나라 사람들은 거의 모두가 학자의 옷을 입고 다니는 것을 못 보았소? 그런데 왜 학자가 적다고 하시오?"

그러자 장자가 말했다.

"제가 알기로는 둥근 갓을 쓴 사람들은 날씨를 연구하는 사람들이고, 모가 난 신발을 신고 다니는 사람들은 지리에 밝은 사람들이고, 허리에 옥패를 차고 다니는 사람들은 나라에 비상 사태가 일어나면

즉시 행동으로 옮기는 사람들이라고 알고 있습니다. 하지만 도를 깨달은 군자는 그런 옷을 입지 않고, 그런 옷을 입은 사람들은 도가 무엇인지도 모르는 사람들입니다. 폐하께서 지금 곧 유학儒學의 도를 깨닫지 못한 자가 학자의 옷차림을 하고 다니면 엄벌에 처하겠다는 발표를 한 번 해보십시오."

애공이 장자의 말을 듣고 그런 발표를 하자 5일 만에 길거리에는 유학자의 옷을 입은 사람이 모두 사라졌다. 그런데 딱 한 사람인 공자만 유학자의 옷을 입고 있었다. 애공이 그에게 나랏일이 어떻게 돌아가는지 그 형편을 물었더니 그의 말은 막힘이 없었다.

그 때 장자는 애공에게 말했다.

"노나라의 참된 유학자는 바로 이 사람 하나뿐인데 그래도 많다고 할 수가 있겠습니까?"

대자연의 진리

∷ 천하가 아무리 넓어도 도를 떠나서는 살 수가 없다

　창조의 절대자는 이 세상을 만들어 놓고도 그 공적을 내세우지 않는다. 사계절은 분명 대자연의 이치와 법칙에 따라 변하면서도 어디에 기대지 않은 채 스스로 바뀌고 있다. 그것은 천지 만물이 각각 존재의 법칙이 있다는 뜻이지만 그것은 우리에게 진실을 좀처럼 밝혀 준 적이 없다.

　다만 성인들만이 그 이치를 말하고 있어서 마치 그들만이 이 세상의 이치를 알고 있는 것처럼 보인다. 그러나 군자는 천하가 운행되는 것을 보고도 아무것도 행하지 않으며 애써 설명하는 법이 없다. 다만 대자연을 그저 지켜보고만 있을 뿐이다.

　신성하고 영묘한 대자연의 질서와 조화는 일체의 만물을 생성, 변화시키면서 삶과 죽음을 끝없이 되풀이 한다. 그리고 어떤 것은 둥글게 만들고, 어떤 것은 모나게 만들지만 그것이 무슨 뜻인지 알 수

가 없다. 천하는 그저 태고 적부터 대자연의 모습 그대로 존재하고 있을 따름이다.

천하가 아무리 넓어도 사람은 도道를 떠나서 살 수가 없다. 천하의 만물은 태어났다가 사라지고 소멸하고 밤낮으로 변하고 음양과 계절 역시 그 운행의 순서와 법칙에 따른다. 그러나 그것들을 움직이는 절대자는 어두운 곳에 숨어서 없는 듯하면서도 엄연히 존재하고 있다. 비록 그 모습은 보이지 않지만 천하에 영향을 끼치는 모습은 정말 신통하고 자유롭지 않은가.

세상은 절대자로 인해서 존재하고 있는 것이지만 우리는 그에 누구이며 무엇인지 알 수가 없다. 우리는 다만 그를 일컬어 우주 만물을 존재하게 하고 운행시키는 근본적인 힘과 이치라는 뜻으로만 깨닫고 있으며, 그것을 앎으로써 대자연의 진리를 깨닫고 있을 뿐이다.

두려움에 떨지 마라

∷ 자신의 솜씨를 떨치려면 절대 무심의 상태에 이르러야 한다

열자列子가 초나라의 백혼무인伯昏无人에게 활솜씨 시범을 보였다. 그는 왼팔 위에 술잔을 올려놓고 오른팔로는 활시위를 당겨 활을 쏘면서도 술잔을 떨어뜨리지 않는 멋진 솜씨를 보여 주었다. 그리고 활을 쏜 다음 재빨리 술을 마시고, 그 화살이 활시위를 떠나 과녁을 맞히기도 전에 또 다른 화살을 쏠 만큼 빠른 솜씨를 보여 주었다. 그러는 동안 그의 몸은 마치 나무인형처럼 움직이지 않았다. 그 모습을 본 백혼무인이 물었다.

"자네는 활을 쏠 때 너무 자신의 재주를 의식하고 있네. 그것을 보면 자네의 활솜씨는 아직 절대 무심의 상태에 이르지 못한 것이네. 높은 산에 올라가서 험한 바위를 밟고 선 채로 1백 길이나 되는 벼랑 아래 연못을 내려다보면서 활을 쏠 수 있겠는가?"

 그리고는 백혼무인은 높은 산에 올라가서 험하게 솟아 있는 바위를 밟고 1백 길이나 되는 벼랑 아래의 연못을 내려다보면서 열자에게 앞으로 오라고 손짓했다.
 이에 열자가 땅에 엎드린 채 땀을 발뒤꿈치까지 적실 정도로 흘리자 백혼무인이 말했다.
 "무릇 진인眞人은 위로 푸른 하늘을 엿보고 아래로는 황천까지 잠기며, 천지 팔방을 헤치고 물리치면서도 정신이 조금도 변하지 않는 것이네. 그런데 지금 그대는 두려움에 떨면서 눈이 어지러운 모양이니, 그래서는 과녁을 맞히기가 어려울 것일세."

군자의 마음은 아무도 움직이지 못한다

:: 부귀 영화는 내 뜻대로 이루어지는 것이 아니다

견오肩吾라는 사람이 손숙오孫叔敖에게 물었다.

"선생은 세 번씩이나 지방의 장관이 되었는데도 그것을 자신의 큰 명예로 여기지 않았고, 세 번씩이나 그 자리에서 물러나면서도 근심하는 기색이 조금도 없었습니다. 그래서 나는 그런 선생을 보고 의심했으나, 지금 선생의 얼굴을 보니 아주 기뻐하는 모습인데, 도대체 선생이 어떻게 마음을 쓰셨기에 그렇습니까?"

그러자 손숙오가 대답했다.

"나는 남보다 조금도 나을 것이 없습니다. 부귀영화라는 것은 내 뜻대로 되는 것이 아니라 저절로 내 앞에 바짝 다가왔다가 또 시간이 되면 저 혼자 훌쩍 떠나는 것인데, 어찌 내 것도 아닌 그것을 애써 내 마음대로 해보겠다고 잡기도 하고 놓기도 하겠습니까? 어차피 그것은 내 것이 아닌데 다가왔다고 좋아할 것도 없고, 떠났다고 서

운해할 것도 없으니 무슨 걱정이 있겠습니까. 더구나 높은 자리는 존경을 받는 자리이기 때문에 사람들은 그 자리와 권력을 존경하는 것이지 나를 존경하는 것도 아닌데 왜 내 자신과는 관계도 없이 직책에 매달려 기뻐하고 슬퍼하겠습니까? 내가 그런 생각을 하고 사는데 어느 겨를에 어떤 사람이 귀하고 어떤 사람이 천한가를 알 수 있겠습니까?"

공자가 손숙오의 말을 듣고 제자들에게 이렇게 말했다.

"옛날의 군자는 어떤 지혜로도 감복시키지 못했고, 어떤 아름다움을 가진 여자도 유혹하지 못했으며, 어떤 도둑도 그를 위협하지 못했고, 복희伏羲나 황제黃帝도 그를 벗으로 만들지 못했으며, 이 세상에서 가장 큰 삶과 죽음의 갈림길조차도 그의 마음을 움직이지 못했다. 그런데 속세의 높은 벼슬자리 하나쯤이야 무슨 문제가 되었겠느냐. 그런 사람들은 그의 머릿속에 태산이 걸어간다 해도 구애를 받지 않을 것이고, 아무리 깊은 물 속에 들어가도 물에 젖는 일이 없을 것이며, 온 천하가 자신의 마음으로 가득 차 있을 뿐이다."

지도자의 덕목

:: 윗사람이 미덥지 않으면 아랫사람들이 따르지 않는다

주周나라의 문왕文王이 장이라는 곳에서 태공망太公望 또는 강태공姜太公으로 불리는 강상姜尙이 곧은 낚시질을 하고 있는 것을 지켜보았다. 곧은 낚시질이란 미끼를 꿰어 물고기를 잡는 것이 아니라 그저 빈 낚싯대만 물 속에 넣고 낚시질을 하는 것처럼 보이는 것을 말한다.

문왕은 강상이 평범한 인물이 아님을 알고 그를 등용하여 정치를 맡기고 싶었으나 대신들의 반대가 심할 것 같아 걱정이었다. 그렇다고 그를 포기하자니 훌륭한 인물을 잃는 것이 너무 아까웠다. 그래서 문왕은 대신들을 모아놓고 말했다.

"어젯밤 과인의 꿈에 얼굴빛이 검고 수염을 기른 한 현인이 얼룩말을 타고 나타나서 장이라는 시골에 사는 노인을 데려다가 정치를 맡기면 나라를 잘 다스릴 것이라는 말을 했다."

　그러자 대신들은 모두 선왕이 꿈에 나타나 점지해 준 것이라고 말하자, 문왕은 그들에게 점을 쳐보라고 했다.
　"폐하, 그것은 선왕께서 꿈에 나타나셔서 예언을 해 준 것인데 점을 치다니요? 조금도 의심할 것이 없습니다. 어서 그 노인을 등용하여 정치를 맡기십시오."
　그리하여 문왕은 장에 사는 강상을 데려다가 정치를 맡겼다. 그러나 강상은 법을 하나도 고치지 않고 그대로 두었으며 대신들에게 지시나 명령을 내리는 일도 없었다. 그렇게 3년이 지나자 조정에서는 당을 만들어 싸우던 사람들이 저절로 없어지고 서로 돕고 협력하는 일들이 많아졌으며, 각 관청의 관리들은 자신이 공적을 쌓고도 많은 사람들이 함께 수고한 덕분이라며 자신의 이름을 내세우지 않았고, 싸움이 없어져서 군량미가 쌓였으며, 상인들은 두 마음을 갖고 의심하지 않아서 저울눈을 속이는 일이 없어지는 등 나라 안팎이 조용해지고 국력이 강해졌다. 문왕은 그 동안 그런 정치를 펼친 강상을 스승으로 삼아 예를 갖춘 후에 말했다.

"이제는 천하에 이런 정치를 펼쳐 보는 것이 어떻겠소?"

아침에 그 말은 들은 강상은 사직서를 내고 저녁이 되자 어디로 달아났는지 소식을 끊고 영원히 나타나지 않았다.

공자의 제자들이 그 말을 듣고 문왕이 왜 꿈을 내세워 강상을 등용했는지를 묻자 공자가 대답했다.

"문왕을 비난할 것은 하나도 없다. 문왕은 이미 최선을 다한 것이다. 무위자연의 도를 깨달은 강상이야말로 나라를 다스리는 사람들에게 둘도 없는 본보기가 되었다. 지도자가 말이 많으면 분열을 부추겨 잘잘못이 생기고, 공직자들은 자기 공을 내세워 잘 보이려고 할 것이며, 서로 의심하고 미워하여 다툼이 일어날 수도 있다. 오직 말없이 백성들을 가르쳐 이끄는 것이야말로 지도자의 최고 덕목이다."

【 한가지 일에만 전념하라 】

도道란 무엇인가

:: 인간의 정신은 대자연의 법칙인 도에서 생긴 것이다

공자가 노자에게 도에 대해서 묻자 노자가 대답했다.
"그대는 먼저 자신의 마음을 엄숙하고 경건하게 하여 정신을 가다듬은 다음 마음 속에서 일어나는 지혜를 먼저 말끔히 치우고, 내 말을 들으시오. 도는 깊고 그윽해서 말로 설명하기 지극히 어렵지만 그대를 위하여 이야기해 볼 테니 잘 들어 보시오. 우리 눈에 보이는 것들은 본디 눈에 보이지 않는 것에서 생긴 것이고, 형태를 갖춘 것들은 형태가 없었던 것에서 비롯되었소. 따라서 인간의 정신은 바로 대자연의 법칙인 도에서 생긴 것이오. 이 세상에 존재하는 모든 생물들은 사람과 동물들을 막론하고 아주 오랜 옛날부터 나고 죽기를 끊임없이 되풀이 하고 있지 않소. 태어나서 죽는 일이 그렇게 수없이 되풀이 되고 있지만 생명이 드나드는 출입문을 어디 본 적이라도 있소? 도를 따르는 사람 역시 그처럼 몸도 건강하고 마음도 거침이

없으며 눈과 귀도 총명하오. 아무리 마음을 써도 피곤한 줄을 모르며, 사물에 얽매임도 없소. 하늘도 이 도를 얻으면 높지 않을 수가 없고, 땅도 도를 얻으면 넓지 않을 수가 없고, 해와 달도 도를 얻으면 정상 궤도로 운행하지 않을 수가 없으니, 만물이 도를 얻으면 크게 일어나지 않을 수가 없소."

074

자연의 법칙에 순응하라

:: 인간은 음에서 태어난 것도 아니고 양에서 태어난 것도 아니다

노자가 공자에게 말했다.

"어떤 사람의 학문이 깊고 넓다고 해서 참된 지식을 가진 것은 아니듯이, 말솜씨가 뛰어나다고 해서 지혜가 있는 것은 아니오. 성인들이 지식이나 지혜를 우습게 여기는 것은 그것들이 성인이 되는 데 아무 도움이 되지 않기 때문이오. 지식이나 지혜는 말을 아낀다고 해서 커지는 것도 아니고 줄어드는 것도 아니오. 따라서 성인들은 바로 그런 경지를 벗어나고 있소. 실로 참된 도는 깊은 바다 밑바닥에서 비로소 시작되고, 산꼭대기에서 다시 시작되는 것이오. 성인의 도는 천지가 만물을 운행시키면서 그 끝을 모르는 것처럼 자연의 이치를 깨달은 자만이 누릴 수 있는 것이오. 사람이란 본디 음에서 태어난 것도 아니고, 양에서 태어난 것도 아니오. 음양의 오묘한 조화가 이루어져서 화합이 이루어지고 있는 바로 그 지점인 하늘과 땅 사이에 존재하고 있

는 것이오. 우리는 지금 사람의 모습을 갖추고 살고 있지만 그것도 잠깐일 뿐, 언제인가는 곧 그 모습을 거두고 천지가 사물을 발생시키기 이전의 세상으로 되돌아가야 하는 것이오. 존재의 궁극적인 입장에서 보면 인간의 삶이란 한때 기氣가 모여서 형체를 갖춘 단순한 허물에 지나지 않는 것이오. 그러니 사람이 제아무리 오래 살거나 또는 짧게 산다 한들 이 우주의 무한대의 시간과 공간에 비하면 그 차이는 아주 조금밖에 되지 않소. 사람의 일생이란 아주 빠른 말이 지나가듯 덧없는 순간일 뿐이오. 이 세상에서 생명을 가진 모든 것들은 자연의 법칙에 따라 살고 죽는 것인데, 모두들 그것을 비통해하는 것은 삶과 죽음의 굴레에서 아직도 벗어나지 못했기 때문이오. 죽음을 잘 살펴보시오. 죽음이란 바로 삶의 속박에서 벗어나면서 영혼이 육체에서 빠져나가는 것이며, 그 때 숨이 끊어지고 비로소 존재가 무無로 돌아가는 것이오. 이처럼 한 순간의 삶을 사는 사람들이 어찌 사소한 잘잘못에 얽매여 살아야 하겠소? 나무에서 열매가 맺고 익어서 떨어지는 자연의 이치를 잘 살펴보시오. 거기에서 우리는 세상의 이치와 진리를 볼 수 있지 않소? 사람들은 죽음을 대단한 재앙처럼 여기지만 바로 거기에도 자연의 이치가 깃들여 있는 것이오. 사람은 태어남과 죽음에 의해서 인류를 이 세상에 계속 이어가고 있지 않소? 그러므로 성인은 세상의 이치를 거스르지 않고 순순히 따르면서 자연의 법칙에 따라 욕망을 이겨내는 최상의 도덕적 가치를 지녀야 하는 것이며, 바로 그 태도에서 제왕의 업적도 나오는 것이오."

도는 어느 것에도 다 있다

∴ 도는 숨을 쉬는 것에도 있고 그렇지 않은 것에도 있다

동곽자東郭子가 장자에게 물었다.

"도는 어디에 있습니까?"

"도는 어디나 다 있소."

"구체적으로 어디라고 말씀해 주십시오."

"청개구리나 개미에게도 있소."

"그렇게 하찮은 것들에게도 있습니까?"

"피의 낟알에도 있소."

"그런 데까지 있습니까?"

"기왓장에도 있소."

"기왓장까지요?"

"똥오줌 속에도 있소."

마침내 동곽자는 더 할 말이 없어 입을 다물고 말았다.

도는 보이지 않는다

∷ 도는 만물의 모습을 만들면서도 자신의 모습은 드러내지 않는다

도는 모르는 쪽이 깊고, 아는 쪽이 얕다. 모른다는 것은 마음 속에 깊이 깨달은 말을 잊은 것이고, 안다는 것은 도와 떨어져 있다는 뜻이다. 모르는 것이 아는 것이고, 아는 것이 모르는 것이다.

도는 들을 수가 없다. 귀에 들리면 그것은 곧 도가 아니다. 눈에 보여도 도가 아니다. 도는 말로 나타낼 수가 없다. 말로 나타내면 그것은 도가 아니다. 도는 만물의 모습을 만들어 내면서도 자기 자신은 모습을 나타내지 않는다. 그래서 도는 이름을 지어 부를 수도 없다.

공간은 말이 없다

∷ 모든 존재를 무로 여기는 절대적인 경지는 현묘한 덕을 지닌 사람만이 이른다

빛이 공간에게 물었다.

"자네는 있는 것인가, 없는 것인가?"

그러나 공간은 말이 없었으므로, 빛이 공간을 자세히 바라보았더니 공간은 텅 빈 채 아득하기만 했다. 빛은 온종일 바라보았으나 보이지도 않았고, 들리지도 않았으며 만져 보아도 잡히지가 않았다. 그래서 빛이 이렇게 말했다.

"지극하다. 누가 이런 신묘한 경지에 이르렀다는 말인가. 나는 무의 경지라는 것이 있는 줄은 알고 있었지만, 없다는 것조차 없는 절대적인 없음이 존재한다는 것을 지금까지 깨닫지 못했다. 모든 존재를 무로 여기는 절대적인 경지는 현묘한 덕을 지닌 사람만이 이를 수 있는 것인데, 내가 어떻게 그런 경지에 이를 수가 있겠는가?"

한 가지 일에만 전념하라

∴ 기술자의 재능은 나이를 먹어도 변하지 않는다

초나라의 대사마라는 관리 밑에서 일하는 기술자 중에 허리띠 고리를 만드는 사람이 있었다. 그는 나이가 80세나 되었어도 그 기술이 지극히 정교하여 털끝만치도 어긋남이 없었다.

그래서 대사마가 물었다.

"자네의 재주가 뛰어난데 무슨 특별한 비결이라도 있는가?"

그러자 기술자가 말했다.

"저는 단지 마음을 순수하게 지키고 있을 뿐입니다. 저는 20세 때부터 허리띠의 고리를 만드는 것을 좋아한 이후로는 다른 것은 거들떠본 적이 없습니다. 오직 고리 만드는 일에만 지금까지 정신을 쏟았을 뿐입니다."

만일 그가 팔십 평생을 사는 동안 단 한 번이라도 다른 기술을 배우거나 익혀서 다른 것을 만들었다면 그렇게 훌륭한 기술을 떨칠 수는

없었을 것이다.

   그런데 물건을 만드는 기술도 아니고 마음을 쓰는 사람이 한 가지에 마음을 쓰지 않고 이 마음 저 마음으로 움직였다면 그 마음이 어떻게 한결같이 곧을 수가 있겠는가. 더구나 자연의 도에만 마음을 맡기려고 하는 사람에게는 더 이상 무슨 말을 하겠는가. 이 세상의 모든 일은 바로 그런 경지에서만 비로소 이루어지는 것이다.

079

천지는 처음도 끝도 없다

∷ 천지 창조 이전에는 사물이라는 존재가 없었다

공자의 제자 염구가

"스승님, 천지 창조 이전의 일을 알 수 있습니까?"

하고 묻자 공자가 대답했다.

"그걸 왜 모르겠느냐? 그 때도 지금과 다른 것이 없었다."

다음날, 염구는 다시 공자를 찾아와서 물었다.

"어제 스승님의 말씀을 들었을 때는 그것이 무슨 뜻인지 이해가 되었습니다만, 하루가 지나자 그 말이 무슨 뜻인지 캄캄해져 버리고 말았습니다. 다시 말씀해 주십시오."

"네가 어제 내 말을 들었을 때는 마음을 비운 채 신명神明의 상태로 들었기 때문에 내 말을 이해할 수 있었지만, 오늘 네가 그 말의 뜻이 까마득해진 것은 그 말을 머리에서 논리적으로 따져 보았기 때문에 이해할 수 없게 된 것이다. 천지는 본디 처음도 없었고, 끝도 없었

다. 그러니 태초와 지금이 무엇이 달라졌겠느냐. 그런데 거기에 삶이 어디 있으며, 죽음 또한 어디 있겠느냐. 삶의 입장에서는 죽음이 삶의 끊어짐 같고, 죽음의 입장에서는 삶이 죽음의 끊어짐같이 보이지만, 삶과 죽음은 서로 기다림으로 있는 것이 아니라 근본적으로는 각각 형체가 다른 하나를 이루고 있다. 만일 천지가 창조되기 전에 어떤 사물이 존재하고 있었다는 것을 가정해 보자. 그것이 과연 사물이라고 말할 수가 있겠느냐? 천지가 생기기 전에는 사물이 생겨날 수가 없었으나, 사물을 주재할 수 있는 도가 있었다. 도란 사물을 이 세상에 있게 하고 운행하게 하는 본성, 즉 사물을 사물로서 있게 하는 힘이다. 그러니 도가 먼저 있어서 세상에 사물을 이루었으며, 사물이 있는 후에 천지가 생긴 것이라고 할 수 있다. 그러므로 성인이 끝없는 자애심으로 사람들을 끝없이 사랑하는 것은 바로 대자연의 이치를 닮아서 그런 것이다."

【 대자연의 진리에 거슬리지 마라 】

운명을 순순히 받아들이라

∷ 파할 수 없는 것들을 피하려고 애쓰는 것은 슬픈 일이다

안연顔淵이 공자에게
"도를 깨달은 사람은 '가는 사람은 잡지 않고 오는 사람은 막지 않는다'고 했습니다. 그것이 어떤 경지인지 말씀해 주십시오."
하고 묻자, 공자가 대답했다.

"옛사람들은 그 때의 형편에 따라 겉모습은 변했지만 마음만은 곧게 지켜서 변하지 않았다. 그러나 오늘날의 사람들은 마음은 외부의 영향을 받고 잘 변하면서도 겉은 바뀌지 않게 되었다. 겉모습은 자연의 변화에 영향을 받기 때문에 당연히 변하는 것이므로, 실제로는 변하는 것이라고 말할 수도 없는 것이지만. 게다가 어디는 변해야 하고 어디는 변해서는 안 된다는 법이 있겠느냐? 옛날에 도를 깨달았다는 희위씨狶韋氏는 온갖 짐승들과 함께 산에서 살았고, 황제黃帝는 채마밭에서 농사를 짓고 살았으며, 유우씨有虞氏는 다른 사람들

을 막고 대궐에서만 호화롭게 살았다. 특히 군자들이라는 유가儒家
나 묵가墨家의 스승들도 남의 말은 듣지도 않고 자기 주장과 고집만
내세우면서 사는데, 하물며 다른 사람들이야 오죽했겠느냐. 그렇지
만 성인들은 자연을 사랑하며 자연과 더불어 살았다. 그들은 오직
자연에 순순히 따를 뿐, 거역한 일이 없었다. 그러나 이 대지에서는
그렇게 살다가도 삶의 즐거움이 아직 끝나기도 전에 비애가 몰려오
게 된다. 사람들은 슬픔이든 기쁨이든 그것이 다가오는 것을 지혜로
조금은 미리 짐작할 수 있지만, 그것을 끝내는 막을 수가 없다. 슬픔
이 오면 슬퍼해야 하고, 기쁨이 오면 기뻐해야 한다. 어느 것 하나
피하거나 거절할 수가 없다. 피할 수 없는 것들을 피하려고 애쓰는
것은 슬픈 일이다. 그것은 말로 나타낼 수가 없고 행동으로 벗어날
수도 없다. 그러나 사람들은 그런 지혜도, 능력도 없으면서 감히 그
것을 막아 내겠다고 애쓰고 있다."

만물은 스스로 태어난다

∴ 하늘의 법을 어지럽히고 본성을 거스르면 그 재앙이 사방에 미친다

운장雲將이 동쪽으로 유람하여 부요의 나뭇가지 아래를 지나가다가 마침 홍몽鴻蒙을 만났다. 그 때 홍몽은 넓적다리를 두드리면서 참새처럼 깡충깡충 뛰어 놀고 있었다.

운장은 이 모습을 보고 놀라서 걸음을 멈추고 물었다.

"노인장은 누구신데 여기서 무엇을 하고 계십니까?"

홍몽은 하던 행동을 멈추지 않고 '놀고 있다'고 대답했다.

"제가 여쭈어 보고 싶은 것이 있습니다."

홍몽은 운장을 힐끗 쳐다보더니 말했다.

"무엇을 물어 보겠다는 것인가?"

"무릇 하늘의 기운은 조화를 이루지 못하고, 땅의 기운은 막혀 퍼지지 못하며, 음·양·풍·우·회晦·명明의 육기六氣는 조화를 잃고 계절 또한 절도가 없습니다. 제가 지금 원하는 것은 육기의 정수

를 모아 만물을 기르려고 하는데, 어떻게 하면 되겠습니까?"

"나는 모른다, 나는 모른다."

운장은 할 수 없이 그 자리를 떠났는데, 그로부터 3년이 지난 후였다. 마침 송나라의 들을 지나다가 다시 홍몽을 만나게 되자, 운장은 크게 기뻐하며 그에게 말했다.

"하늘 같은 분이시여, 저를 잊었습니까?"

그리고는 두 번 절하고 고개를 조아리며 홍몽에게 가르침을 청하자 그가 말했다.

"떠돌아 다니지만 구하는 바를 모르고, 마음이 내키는 대로 가면서 그 가는 바를 모르네. 노는 것이 바빠 한가함이 없고, 진실만을 보고 있네. 그런 내가 무엇을 알겠는가?"

"저도 스스로는 내키는 대로 산다고는 생각합니다만, 백성들은 제가 가는 곳으로 따라옵니다. 저는 백성들에게 부득이한 일만 하고 있는데도 지금 백성들은 저를 따라하고 있습니다. 원하건대 한 말씀만 해주십시오."

"하늘의 법을 어지럽히고 만물의 본성을 거스른다면 현묘한 자연의 조화는 이루어지지 않고, 짐승의 무리는 흩어지고 새들은 밤에 지저귀게 되네. 초목에까지 그 재앙이 미치고 벌레에까지 화가 미치니, 이것은 사람을 다스리는 자의 허물이야."

"그렇다면 저는 어떻게 해야 됩니까?"

"마음을 기르게. 그대가 다만 무위로만 살면 만물은 저절로 감화

되네. 그대 모습을 잊어버리면, 자연의 기와 한몸이 될 수 있어. 마음을 풀고 정신에서 벗어나 텅 비어 아무것도 모르게 된다면, 만물이 무성해서 그 근원을 되찾게 되네. 그 근원으로 돌아간 것조차 모른다면 어지러운 무차별의 세계에서 평생 동안 떠나지 않으나, 만일 그것을 알게 되면 곧 그로부터 떠나가 버리네. 그 이름을 물어 보지 않고, 그 실정을 엿보지 않아야 하네. 그러면 만물은 스스로 태어나게 되지."

082

세 가지 근심

∷ 부자가 되어도 재물을 나누어 가지면 근심 걱정이 사라진다

요堯임금이 화라는 지방을 돌아볼 때 국경을 지키는 벼슬아치가 말했다.

"아아, 성인이시여, 축복이 내려 장수하시기를 기원합니다!"

"사양하겠소."

"부자가 되십시오."

"사양하겠소."

"그렇다면 아들을 많이 낳으십시오."

"사양하겠소."

이에 벼슬아치가 말했다.

"장수와 부자와 아들이 많음은 사람이라면 누구나 바라는 소원인데, 그것을 바라지 않다니 무슨 까닭입니까?"

이에 요임금이 말했다.

"오래도록 살면 치욕이 많아지고, 부자가 되면 일이 많고, 아들이 많으면 근심이 많아서 사양하는 것이오."

그러자 벼슬아치가 답답하다는 표정으로 말했다.

"나는 처음에 그대를 성인으로 알았는데 이제 보니 아니군요. 아들이 많다 한들 각각 직분이 주어지니 무슨 근심이 있을 것이며, 부자가 되어도 이를 남과 나누어 가지면 무슨 일이 많겠소? 또한 천하에 도가 없다면 덕이나 닦으며 한가로이 지낼 것이고, 오래 살다가 세상이 싫어지면 속세를 훌쩍 떠나 하늘로 올라가면 될 것이며, 세 가지 근심이 닥쳐오지 않고 몸에는 언제나 재앙이 없는데, 무슨 치욕이 있다는 것입니까?"

083

이 세상에는 그 어느 것 하나
저절로 되는 것이 없다

:: 봄에 싹이 터서 가을에 열매를 맺는 것은 대자연의 법칙 때문이다

노자의 제자 경상자庚桑子가 북쪽의 외루라는 산에 가서 지혜롭고 똑똑한 제자들을 모두 내보내고 못난 제자들만 데리고 살았다. 그렇게 산 지 3년 만에 외루는 잘 사는 마을로 바뀌게 되었다.

그래서 외루 사람들이 말했다.

"경상자가 처음 왔을 때는 이상한 사람이라고 생각했다. 그런데 하나하나 따져 보면 별로 한 일이 없는데, 한 해를 두고 따져 보니 그가 이룬 일들이 아주 많았다. 그것으로 보아 그는 성인임에 틀림없다. 그러니 우리들은 경상자를 왕으로 섬기고 종묘사직을 세워 제사를 지내야 할 것이다."

그 말을 들은 경상자는 달갑지 않은 표정으로 말했다.

"봄에 싹이 터서 가을에 열매를 맺는 것은 저절로 된 것이 아니라

대자연의 법칙이 있었기 때문이다. 이 세상에는 어느 것 하나 저절로 되는 법이 없다. 너희들이 나를 왕으로 받들겠다니 그게 무슨 말이냐? 내가 덕이 모자라서 너희들이 그런 생각을 하도록 만들었으니 내가 어찌 스승 앞에 부끄러워 얼굴을 들 수가 있단 말이냐?"

그 말에 한 제자가 나서서 말했다.

"아닙니다. 큰 물고기는 얕은 물 속에서는 몸을 제 맘대로 움직이지 못하지만, 작은 미꾸라지는 날쌔게 몸을 놀립니다. 몸집이 큰 짐승은 낮은 언덕에서는 숨을 곳이 없지만 작은 여우는 몸을 숨길 곳이 많습니다. 어질고 지혜로운 분을 존중하고 그런 분들에게 나라를 맡겨 다스리게 만든 것은 요순 때부터 해 온 일인데 저희들이 사는 외루라고 해서 다를 것이 무엇이 있겠습니까? 스승님께서 사양하지 마시고 저희들이 바라는 대로 따라 주십시오."

그러자 경상자가 말했다.

"수레를 삼킬 만큼 큰 짐승도 무리들 속에서 벗어나 움직이면 덫에 걸릴 위험이 있고, 배를 삼킬 만큼 큰 물고기도 물에서 벗어나면 하찮은 개미 떼의 공격을 받는다. 그래서 야생 동물들은 깊은 산에서 내려오지 않고, 물고기들은 깊은 물 속에서 떠나지 않는 법이다. 요순처럼 지혜로운 임금들을 보아라. 그들은 머리카락을 한 가닥 한 가닥 세어서 빗질을 하고 쌀의 낟알을 한 알 한 알 세어서 밥을 짓는 등 사소한 일에 얽매여 살았으니, 그들이 어찌 큰 재목이 되어 나라를 다스릴 수가 있었겠느냐? 그런 식으로 현인이 나라를 다스리면 백성들 사이에는 불만이 생기고, 지혜로운 사람을 등용하면 백성들은 도둑질을 시작할 것이다. 사람들은 이득에 눈이 뒤집혀 자식이 부모를 죽이고, 신하가 왕을 죽이고, 대낮에도 도둑들이 날뛰게 된다. 그처럼 나라의 큰 혼란은 요순시대부터 시작되었으며, 그 피해는 천 년 뒤까지 내려가 나중에는 사람이 사람을 잡아먹는 시대가 올 것이다."

타고난 본성

∷ 땅벌은 나방의 알을 까서 제 새끼로 기를 수가 없다

경상자의 제자가 스승에게 물었다.

"저는 이제 늙었는데 어떻게 공부를 해야 가르침을 따를 수 있겠습니까?"

그러자 경상자가 말했다.

"먼저 네 몸을 건강하고 안전하게 지켜라. 모든 일을 이루려고 악착같이 애쓰지 말고 3년만 버티면 내 말대로 된다. 허리가 가느다란 땅벌은 나방의 알을 까서 제 새끼로 기를 수 없고, 월나라 닭은 고니의 알을 품을 수 없으나, 몸집이 큰 노나라의 닭들은 고니의 알을 품을 수가 있다. 성질이 달라서가 아니라 타고난 바탕이 다르기 때문이다. 나는 능력이 없어서 더 이상 너를 가르칠 재주가 없으니 남쪽의 노자를 찾아가거라."

085

대자연의 진리에 거슬리지 마라

:: 마음이 평화롭고 안정된 사람은 어떤 경우에도 마음의 흔들림이 없다

  마음이 평화롭고 안정된 사람은 무슨 일을 해도 빛이 난다. 빛이 난다는 것은 참된 자신의 진정한 모습이 모든 일에 드러난다는 뜻이다. 그런 사람은 어떤 경우에도 마음이 흔들리는 법이 없다.
  이렇게 마음이 흔들리지 않는 사람은 이웃과 친하게 지낼 수 있고, 하늘은 그런 사람을 돕는다. 학자들은 남이 하기 어려운 것만 연구하려고 하고, 일을 벌이는 사람은 자기 능력에 벅찬 일만 벌이려고 한다.
  사람들은 대부분 자기가 오르지도 못할 나무만 오르려고 쳐다보는 것이다. 그러나 그런 일들은 모두 자연의 이치에 어긋나는 일이다. 참된 지혜란 자신이 알 수가 없거나, 할 수 없는 능력 밖의 일을 그만두는 것이다. 만일, 그와 같은 대자연의 진리에 거슬리는 사람은 반드시 재앙을 받는다. 어떤 경우에든 자연에 따르고 몸과 마음의 건강을 지키는 것이 가장 중요하다. 불행이 닥칠 때는 천명이라고 여겨야 하는데, 천명은 우리의 책임이 아니기 때문이다.

자연의 물결에 몸을 맡기라

:: 어린아이가 온종일 울어도 목소리가 쉬지 않는 것은 자연의 도와 조화를 이루었기 때문이다

경상자의 제자 남영추가 노자를 찾아가서 말했다.

"제가 지혜롭지 못하면 남들은 저를 어리석다 놀리고, 제가 지혜로우면 남들은 저를 괴롭힙니다. 제가 인자롭지 않으면 남들을 해치게 되고, 제가 인자로우면 남들이 저를 해칩니다. 제가 의롭지 않으면 남을 다치게 하지만, 제가 의로우면 제가 남들에게 다칩니다. 저는 어떻게 해야 그런 굴레에서 벗어날 수가 있겠습니까?"

그러자 노자가 말했다.

"나는 그대의 눈썹 사이를 보고 아직 도를 깨닫지 못했다는 것을 알았네. 그대가 그런 작은 생각에 얽매여 있는 것을 보니 부모가 세상을 떠난 뒤에야 비로소 장대를 들고 캄캄한 바다에 나가서 부모를 찾는 것과 다름이 없네. 그대는 깊은 근심에 빠져 있어서 본심으로

돌아가려고 해도 돌아갈 곳이 없으니 참으로 답답하기 그지없네. 우선 그대는 묵은 마음의 때를 잘 씻어내야겠네. 특히 눈과 귀에 얽매인 걷잡을 수 없는 욕심을 버려야 하네. 특히 그 욕심에 몸과 마음이 얽매이고 자유를 잃으면 도덕을 갖출 수 없으니 어떻게 살 수 있겠는가. 이제부터는 남의 일에는 일절 마음을 쓰지 말고, 모든 것을 자신으로부터 구하게. 마치 어린아이처럼 어떤 일이든 무심히 지켜보고, 간섭하지 말고 담담하게 있어야 하네. 어린아이가 온종일 울어도 목소리가 쉬지 않는 것은 자연의 도道와 조화를 이루었기 때문이고, 어린아이가 온종일 손을 쥐어도 굳지 않는 것은 자연의 덕과 하나가 되었기 때문이며, 어린아이가 무엇을 보아도 눈을 깜박거리지 않는 것은 마음이 어느 한 곳에만 사로잡혀 있지 않기 때문이네. 그러니 그대도 애써 어디를 가려고 하지 말고, 애써 무엇을 하려고 하지 말고, 자연의 물결에 몸을 맡겨 두게. 그게 바로 잘 사는 법이네."

087

세상의 진리는 누구에게나 평등하다

∷ 우주의 공간은 영원하고 시간 또한 시작과 끝이 없다

　많은 사람들이 보는 가운데 악한 행동을 저지르는 사람은 다른 사람들의 제지를 받으나, 아무도 보지 않는 곳에서 악한 행동을 저지르는 사람은 귀신이 그냥두지 않는다. 따라서 사람에게도 귀신에게도 떳떳한 사람만이 대자연의 진리와 마음이 통할 수가 있다.
　자기 분수를 잘 알아서 스스로 만족하는 사람은 그 자취가 남지 않으나, 자기 분수도 모르고 재산을 모으는 사람은 결국 몸에 무리가 생겨서 남에게 좋은 일만 하게 된다.
　우리 몸에서 음양보다 더 중요한 것은 없다. 음양의 이치는 대자연과 늘 함께 있다. 그러기에 우리가 자연의 이치를 거스르면 마음이 음양을 배반한 것이어서 스스로 해로움을 불러들이게 된다. 세상의 진리는 누구에게나 평등하다.
　따라서 사람이 자신의 본성을 못 찾으면 죽음에 한 발 다가가게 되

고 그것은 귀신과 하나가 되는 것이다. 우주의 공간은 영원하고 시간 또한 시작과 끝이 없다. 인간의 삶과 죽음은 들어오거나 나가거나 그 모습과 흔적을 결코 찾아볼 수가 없다. 그것을 우리는 하늘의 문이라고 말한다. 이 하늘의 문은 있음도 없음도 다 포함하고 있기에 만물이 바로 거기서 비롯되고 있는 것이다.

따라서 성인은 바로 그런 경지에 자신의 몸과 마음을 맡기고 있는 것이다.

삶은 존재의 한 형태이다

❙❙ **시비는 자신의 지혜가 남보다 뛰어나다고 생각하는 데서 일어난다**

옛사람들에게는 뛰어난 지혜가 있었다.

첫째, 옛사람들은 이 세상에 사물이 존재하기 이전에는 세상이 모두 비어 있었다고 보았다. 다시 말하면 우주를 공空으로 본 것이다.

둘째, 사물이 존재하기 시작한 후에 삶이 시작되었지만, 삶의 뒤에 오는 죽음도 삶과 똑같아서 죽음은 곧 본성으로 돌아가는 것으로 보았다. 따라서 삶과 죽음은 서로 맞서는 것이 아니라 똑같은 것이라고 여겼다.

셋째, 천지는 처음에 아무것도 없는 무였지만, 무에서 유가 되고, 또 죽음이 그 뒤에 이어지고 있어서 있음과 없음, 삶과 죽음을 하나로 보았다.

이 같은 세 가지 생각은 서로 보는 입장에 따라 있겠으나, 잘잘못을 따져야 할 이유가 하나도 없다. 이것은 마치, 초나라의 소씨昭氏

와 경씨景氏는 큰 벼슬을 해서 유명해졌고, 갑씨甲氏는 작은 마을을 잘 다스려서 유명해졌는데, 결국은 모두 초나라의 세 가문이라는 점에서는 똑같은 것과 다를 바가 없다.

모든 사람에게 있어서 삶이란 존재의 한 형태에 지나지 않을 뿐이다. 그런데 사람들은 이 사람과 저 사람은 다르다고 애써 구별하고 시시비비를 따지려 든다. 그런 시시비비는 경우에 따라 달라지기 때문에 믿을 만한 것이 못 된다.

섣달에 제사를 지낼 때 소의 천엽이나 발톱은 버려도 좋으나, 그렇다고 버려서는 안 된다. 또 집을 보는 사람은 큰방이나 사당을 두루 보고 변소까지 보게 되므로 이시移是를 논하게 되는데, 이시란 사물을 분별해서 시비가 생기지만, 그것은 일정한 것이 아니어서 항상 옮겨진다는 뜻이다.

시비는 결국 자기의 지혜가 남보다 뛰어나다고 생각하는 데서 일어난다. 본디는 똑같은 것을 부분만 따로 떼어 내어 자기 주장이 옳다고 목숨을 걸고 싸운다. 상대방을 서로 바보라고 손가락질하지만 결국은 하나를 가지고 싸우는 것이다.

그래서 세상이 인정해 주면 명예가 되고, 인정을 받지 못하면 치욕이 된다고 여긴다. 그것이 사람들이 저지르는 참으로 바보 같은 짓이다. 그것은 매미나 비둘기가 9만 리를 날아가는 붕새를 비웃는 것과 다를 것이 없다.

089

욕심이 앞서면 행동도 앞선다

:: **최고의 예의란 가까울수록 더욱더 지키는 것을 이른다**

사람들은 실수로 남의 발을 밟으면,

"죄송합니다."

하고 사과를 한다. 하지만 형제의 발을 밟으면 씩 웃기만 하고, 부모의 발을 밟으면 모른 척한다.

그러나 최고의 예의란 남에게만 갖추고 가까운 사람에게는 지키지 않는 것이 아니라, 오히려 가까울수록 더욱더 지켜야 하는 것이다.

또 가장 의로운 자는 자신에게나 남에게나 혹은 사물에 대해서도 똑같은 의로움을 보여 주어야 한다. 의로움을 행할 때는 상대를 가려서는 안 된다. 가장 지혜로운 사람은 자기의 지혜를 가지고 어떤 일도 꾀해서는 안 되며, 가장 인자한 사람은 누구에게나 똑같이 베풀어야 한다. 또한 믿음과 의리가 두터운 사람은 재물을 멀리한다.

대체로 부귀영화와 권력과 재물은 처음에 품었던 뜻을 바래게 만든다. 그런 것이 뜻을 꺾어 뜻한 바를 지키지 못하게 되는 경우가 많다. 자신의 모습이나 행동이나 얼굴의 기색 혹은 말투 같은 것들이 자기 마음을 얽매는 경우도 아주 많다. 하지만 그것에 얽매이는 일처럼 자신을 가장 비천하게 만드는 일은 없다.

또한 희로애락과 함께 마음 속에 누군가에 대한 증오심을 품거나 소망이 너무 크면 품성이 좋아질 수 없다. 가야 할 때 가고 와야 할 때 와야 한다. 자기 자리를 박차고 물러나야 할 때, 특히 벼슬에서 물러나야 할 때 용감하지 못하면 천박해진다. 자신이 받아야 할 때와 주어야 할 때를 잘 알아야 인격이 훌륭해진다.

그러므로 그런 것들로 인해서 마음을 어지럽혀서는 안 된다. 그래야 몸과 마음이 편안해지고, 편안해져야만 마음이 안정되고 밝아지며, 마음이 비어야 성급한 행동이 나오지 않는다. 욕심이 앞서면 행동도 앞서게 마련이다.

도는 덕을 귀하게 여기는 사상이고, 삶은 덕을 나타내는 광채이며, 성격은 사람의 바탕을 이룬다. 무엇을 안다는 것은 사물을 직접 경험해 보아야 하는 것이다. 무엇을 안다는 사람은 쉽게 일을 꾀하지만, 무엇을 안다는 것은 아이처럼 잘 모른다는 말이나 같다.

마음을 자연에 맡기라

∷ 하늘은 어느 한쪽의 편을 들지 않고 만물을 감싸안는다

옛날에 예라는 활쏘기의 명수가 있었다. 그는 멀고 좁은 과녁도 정확히 맞히는 명궁이었지만, 남이 활솜씨를 자랑하지 못하게 하는 속이 좁은 사람이었다. 이와 비슷하게 성인들도 신은 잘 섬기지만 사람을 받들거나 다룰 줄은 모른다. 신도 잘 섬기고 사람도 잘 다루는 사람은 성인보다 한 차원이 높은 진인眞人들이다. 거미가 그물을 잘 치고, 벌이나 개미가 집을 교묘하게 잘 짓는 것은 타고난 재능 탓이지 배워서 안 것이 아니다. 타고난 재주와 배워서 얻은 기술을 똑같이 갖추기는 어렵다.

명궁 예는 까치만 보면 활을 쏘아 떨어뜨렸지만, 그의 눈에 띈 까치만 맞힐 수 있었지 모든 까치를 다 맞힐 수 있는 것은 아니었다. 어느 누구라도 우주를 새장으로 만들어 까치를 몽땅 몰아넣고 잡지 않는 한은 어려운 일이다.

은殷나라의 탕왕湯王은 요리사인 이윤伊尹에게 벼슬을 주고 그를 곁에 둘 수 있었다. 또 진秦나라의 목공穆公은 백리해를 곁에 두려고 다섯 마리의 양가죽을 주었다. 필요한 사람을 쓰려면 그만한 대가를 지불해야 한다.

형벌로 발뒤꿈치가 잘린 불구자가 법을 두려워하지 않는 것은 명예를 이미 버렸기 때문이고, 사형수가 높은 곳에 올라가도 두려워하지 않는 것은 삶과 죽음을 마음에 두지 않기 때문이다.

이렇게 어느 쪽도 깊이 따지려고 하지 않는 사람은 바로 하늘과 뜻이 같게 되었다고 말할 수 있다. 하늘은 어느 한쪽의 편을 들지 않고 만물을 감싸안고 있지 않은가. 그러므로 어느 한쪽으로도 마음이 기울지 않고 평화를 지키기 위해서는 마음을 자연에 맡겨야 한다.

상대방의 뜻을 잘 살피라

::천하에서 가장 뛰어난 말은 자연적으로 재질을 지니고 태어난 말이다

세상을 피해 숨어 살고 있던 서무귀徐無鬼가 진나라의 재상인 여상의 소개로 위나라의 무후武侯를 만났다. 무후는 서무귀를 보자 먼저 위로의 말을 건넸다.

"선생은 그 동안 혼자 사시느라고 고생이 많았던 탓인지 무척 야위셨습니다. 은둔 생활이 너무 고달프셔서 과인에게 위로를 받으려고 찾아오셨나 보군요."

그러자 서무귀가 말했다.

"저는 위로를 받으러 온 것이 아니라 오히려 폐하를 위로하러 온 것입니다. 폐하께서 저를 위로할 필요가 뭐가 있겠습니까? 폐하께서 모든 일에 욕심을 부리시면 이제 곧 병이 들 것입니다. 그래서 제가 위로하러 온 것입니다."

그 말을 들은 무후는 불쾌한 표정을 지었다. 그러나 서무귀는 계속

말했다.

"제가 개의 관상을 보는 법을 말씀 드리겠습니다. 개 중에는 그저 먹는 것만 좋아하는 미련한 놈이 가장 못났습니다. 그런 개는 고양이가 쥐 한 마리 잡아먹은 것처럼 별 뜻이 없는 개라고 할 수 있습니다. 그 다음 조금 나은 개는 해를 바라보면서 짖는 개입니다. 또 그보다 좀더 나은 개는 자기 몸도 마음도 잊은 듯 사는 개입니다. 말의 관상은 좀더 확실합니다. 말이 뛸 때는 먹줄처럼 곧게 나가고, 꺾어질 때에는 곱자로 잰 듯이 어긋나지 않고, 둥글게 돌 때는 나침반이 원을 그리듯 돕니다. 그런 말이 일능급입니다. 그러나 전하에서 가장 뛰어난 말은 자연적으로 재질을 지니고 태어난 말입니다. 그 말은 모든 것을 마음 속에서 제 몸도 잊은 채 바람처럼 달려가다가 어디에서 멈추는지도 모릅니다."

그 말을 듣고 무후는 크게 웃으며 기뻐했다. 서무귀가 밖으로 나왔을 때 여상이 그에게 무슨 말을 했기에 좀처럼 웃는 법이 없던 무후가 그렇게 크게 웃었는지 물었다. 그러자 서무귀가 대답했다.

"나는 폐하께 개와 말의 관상을 보는 법을 말씀 드렸을 뿐이오. 그대는 월나라의 방랑인에 대하여 말을 들어 보지 못했소? 그들이 고국을 떠난 며칠 후에는 잘 아는 사람을 만나면 기뻐하고, 한 달 후에는 고국에서 한 번 만나 본 적이 있던 사람을 만나도 기뻐하고, 1년쯤 되면 자기 나라 사람만 만나도 기뻐하는 법이오. 그것은 남의 나라에서 오래 살수록 고국 사람에 대한 그리움이 깊어진다는 뜻이 아니오? 특히 나처럼 인적이 없는 깊은 산에서 살 때는 그저 사람의 발자국 소리만 들어도 기쁜 법이오. 하물며 형제나 친척들이 온다면 얼마나 기쁘겠소? 그렇게 오래 웃지 않던 폐하가 내 말을 듣고 크게 웃은 것은 그 동안 이 나라에 폐하를 웃길 만한 사람이 없었다는 뜻이 아니고 무엇이오?"

나보다 못한 사람을 불쌍히 여기라

:: 덕을 나누는 사람은 성인이고 재물을 나누는 사람은 현인이다

제齊나라의 관중管仲이 병으로 벼슬을 내놓으려고 하자 환공桓公이 그에게 물었다.

"그대의 대신으로 포숙아鮑叔牙에게 나랏일을 맡기려고 하는데 그대 생각은 어떻소?"

그러자 관중이 말했다.

"포숙아는 청렴결백한 선비라서 안 됩니다. 그는 자기보다 못난 사람은 상대도 하지 않을 뿐만 아니라 남의 한 번 실수조차 결코 용서하지 않는 성격을 가지고 있습니다. 만일 그가 나랏일을 맡으면 위로는 폐하의 뜻을 거스르고 아래로는 백성들과 뜻이 맞지 않아서 결국은 죄를 짓게 될 것입니다."

"그렇다면 누가 좋겠소?"

"습붕이라면 괜찮을 것입니다. 그는 윗사람을 잊고 늘 아랫사람

들과 어울립니다. 그는 자신이 황제黃帝만한 인물이 못 된 것을 늘 부끄러워하면서 자기보다 못한 사람들을 불쌍하게 여깁니다. 덕을 나누는 사람은 성인이라 하고, 재물을 나누는 사람은 현인이라고 합니다. 자신을 현인이라고 하면서 다른 사람 위에 올라서려고 하면 백성을 따르게 할 수가 없고, 스스로 현인이면서 남의 밑에 있으면 모든 백성이 따르며, 나랏일에 비난을 듣는 일이 없습니다. 그러니 소인 대신 사람을 쓰시려거든 습붕을 쓰시기 바랍니다."

본성本性을 지키라

:: 백성들은 아침저녁으로 일이 있으면 부지런해진다

지혜로운 선비는 여러 가지 일에 대한 깊은 생각에 변화가 있으면 즐거워하고, 변론을 잘 하는 선비는 하려는 말이 있으면 즐거워하고, 일을 잘 살피는 사람은 남의 잘못을 따질 일이 있으면 즐거워하니, 이런 사람들은 모두 밖의 사물에 얽매인 사람들이다.

충성스럽고 선량한 선비는 조정에서 이름을 날리며, 백성을 잘 다스리는 선비는 벼슬을 영화榮華로 삼으며, 힘이 센 사람은 어려운 일을 당하면 뽐내고, 용감한 사람은 근심스러운 일이 있으면 으스댄다.

또한 무장을 한 군인은 싸움을 즐거워하고, 인의를 중요하게 여기는 선비는 다른 사람과 사귀는 것을 중요시하고, 농부는 농사 짓는 일이 없으면 안심이 안 되고, 상인은 물건을 사고 팔 일이 없으면 안심이 안 되고, 모든 공인工人은 기계의 교묘함이 있으면 열심히 일하고, 보통 백성은 아침저녁으로 일이 있으면 부지런해진다.

　욕심이 많은 사람은 돈과 재물이 쌓이지 않으면 근심하고, 잘난 척 하는 사람은 권세가 크지 않으면 슬퍼하며, 세력과 물력物力을 얻으려는 사람은 난리가 일어나면 즐거워한다.

　이런 사람들은 때를 만나면 쓰이는 일이 있기 때문에 모두가 세월이 변함에 따라 밖의 사물에 이끌려 행동하므로, 자기 자신이 도에 따라 자유롭게 변하지를 못한다.

　자신의 몸과 정신을 허덕여 자신 밖의 모든 사물에 뜻을 두면서 슬프게도 죽을 때까지 본성으로 돌아오지 못한다.

자신의 주장만 내세우지 마라

∴ 악기의 줄 하나가 맞지 않으면 모든 음이 맞지 않게 된다

장자가 혜자에게 물었다.

"천하에는 객관적으로 공인된 옳음이란 없는데, 사람마다 제각각 자기가 한 말이 옳다고 우긴다면 그것이 옳다고 생각하시오?"

"물론 옳다고 보아야지요."

그러자 장자가 다시 말했다.

"지금 이 나라에는 유가儒家·묵가墨家·양주楊朱·공손 용公孫龍 네 학파가 있고, 거기에 당신의 학파를 합치면 모두 다섯 학파가 됩니다. 그렇다면 도대체 당신은 어느 학파가 참된 학파라고 생각하십니까? 언젠가 노거魯遽의 제자가 스승에게 이렇게 물었다고 합니다. '저는 선생님의 도를 깨달아 겨울에는 솥에 불을 때지 않고도 밥을 지을 수 있고, 여름에는 물로 얼음을 만들 수 있습니다'라고 했더니 노거가 '겨울에는 양의 기운을 불러다가 불을 만드는 것이고, 여름

에는 음의 기운을 불러다가 얼음을 만드는 것이니, 그것은 도라고 할 수 없다. 내가 진짜 나의 도를 보여 주겠다'고 하면서 비파의 줄을 고른 다음, 한 개는 마루 위에 놓고, 한 개는 방에 놓아 두었습니다. 이렇게 비파를 각각 다른 방에 두고, 한쪽의 비파로 각조(角調)를 타면 다른 비파에서도 저절로 똑같은 각조가 흘러나왔습니다. 그러나 줄 하나를 고르게 멈추지 않으면 다섯 음이 맞지 않게 되고, 그렇게 되면 나머지 스물다섯 줄의 음도 제멋대로 나옵니다. 당신의 학파가 아닌 다른 네 개의 학파가 내세우는 주장도 그와 같으니, 그대가 그들에게 일일이 변론을 하고 대응하면 그들도 애써 대응해 올 것입니다."

이에 혜자가 말했다.

"지금 다른 네 학파가 나와 논쟁을 벌이고 있지만 지금까지 나는 한 번도 내 학문의 뜻을 꺾어 본 적이 없습니다. 게다가 그들은 우리 학문의 명성에 눌려서 꼼짝도 못 하고 있는 중입니다."

"그러나 대도大道를 걷는 그대가 어찌 다른 학파를 이론으로 눌러서 이기려고 하는 것이오? 초나라의 어떤 사람이 고향에서 버림을 받고 남의 땅으로 달아나 문지기 노릇을 하고 있었습니다. 그러나 그는 고향을 떠난 쓸쓸함과 외로움을 이기지 못하고 고향으로 가는 밤배를 타려고 하다가 뱃사공과 다툼을 벌이게 되었습니다. 배는 아직 떠나지 않았지만 그 남자는 뱃사공의 미움을 받아서 배를 탈 수 없었습니다. 배를 타게 해 달라고 사정을 해야 할 그 남자가 뱃사공의 미움을 받아서 배를 타지 못하게 되었으니 얼마나 안타까운 일입니까? 그대가 지금 다른 학파들과 다툼에 휘말린 것은 마치 배를 타지 못한 그 남자와 같은 처지가 된 것인데, 어찌 그것을 깨닫지 못하고 있소?"

상대가 없으면 외롭다

∷ 세상에서 나와 가장 가까운 사람은 대화를 나눌 수 있는 사람이다

장자가 어느 장례식에 갔다가 혜자의 무덤 앞을 지나면서 하인에게 말했다.

"옛날 초나라의 도읍인 영에 사는 사람이 일부러 자기의 코끝에 흰 흙을 파리 날개처럼 발라 놓고 석공石工을 불러 그 흙을 닦아 내게 하였다. 그러자 그 석공은 도끼를 휘두르는데 바람이 일어날 정도였으나, 그 사람은 꼼짝도 하지 않고 서서 닦아 내게 하였다. 이리하여 코에 묻은 흙은 완전히 없어지고 코는 상하지 않았으며, 석공이나 그 사람은 얼굴빛 하나 변하지 않았다. 이 소문이 퍼지자 송나라의 왕이 그 석공을 불러다가 '과인의 코에도 흰 흙을 칠할 테니 그렇게 해보라' 하고 부탁했다. 그러자 석공이 왕에게 '전에는 그 일을 할 수 있었지만 지금은 못 합니다. 도끼를 휘둘러도 얼굴빛 한 번 변하지 않고 버틸 수 있을 만한 사람은 이미 죽었기 때문입니다. 지금 세

상에는 자신이 솜씨를 떨쳐 보여도 눈 하나 깜짝하지 않을 만한 상대가 없습니다' 라고 말했는데, 지금 내 마음이 바로 석공의 마음과 똑같구나. 나와 이야기를 나눌 혜자가 없다는 것이 몹시 아쉽기만 하구나."

자연은 만물을 공평하게 대한다

∴ 군주는 백성을 사랑하기 시작하는 순간 백성을 해치기 시작한다

　무후武侯가 서무귀徐無鬼를 보고 물었다.
　"선생은 산림 속에서 도토리나 부추와 파를 먹고도 만족하게 살면서 과인을 잊은 지가 퍽 오래 되었습니다. 그런데 지금 보니 무척 늙고 야위셨습니다. 그래서 과인한테 술과 고기를 얻으러 오신 것입니까, 아니면 과인에게 복을 주려고 오신 것입니까?"
　그러자 서무귀가 대답했다.
　"저는 본디 비천하게 태어나 대궐의 술이나 고기를 먹어 본 일이 없습니다. 그런데 제가 이제 와서 왜 그런 것을 바라겠습니까? 천지의 대자연은 세상의 모든 것을 공평하게 대합니다. 특히 지위가 높은 사람이라고 해서 특별히 대우해 주는 것도 아니고, 천하게 산다고 해서 불쌍히 여기지도 않습니다. 그러나 폐하는 대자연과는 달리 국민의 피와 땀을 빼앗아 자신의 욕심을 채우고 있습니다. 그러나

어찌 그것을 폐하의 양심이라고 하겠습니까?"

"선생의 말이 모두 맞소. 앞으로 과인은 백성을 사랑하고 자비와 의로움을 위해서 싸움을 일으키지 않겠소."

그러자 서무귀가 다시 말했다.

"아닙니다. 폐하는 백성을 사랑해서는 안 됩니다. 무릇 군주는 백성을 사랑하기 시작하는 순간 백성을 해치기 시작하는 것이며, 정의를 위해서 싸움을 그치는 것도 싸움을 벌이는 이유가 되는 것입니다. 정의로운 싸움이라는 것이 어디 있습니까? 백성을 사랑하기 위해 인의仁義를 내세워 정책을 내놓는 것 자체가 바로 흉기를 내놓는 것입니다. 폐하께서 인의를 베풀려고 하는 것 자체가 이미 잘못된 것입니다. 폐하가 내놓는 인의가 진짜가 아니기 때문입니다. 백성에게 인의라는 자기 잣대를 들이대면 그것이 무기가 되어 백성들 사이에 큰 말썽이 일어나 편가르기를 시작하며, 그로 인해 민심이 흔들리면서 나라는 혼란에 빠지게 됩니다. 따라서 폐하께서 높은 누각에 올라 국정을 펴실 때는 보병과 기마병의 작전을 접어 두시고, 국가의 이익을 위한다는 이름으로 어떤 싸움도 꾀해서는 안 됩니다. 교묘한 재주나 꾀를 써서 남을 이기려고 하거나 남을 막다른 골목에 몰아넣을 생각은 하지 마십시오. 어떤 경우든 남과 싸워서 이길 생각을 해서는 안 됩니다. 남의 나라 백성을 희생시키고 남의 나라 땅을 빼앗아 자기 나라의 이득을 취하기 위해 싸워서 이긴들 무슨 뜻이 있겠습니까? 폐하께서 앞으로 싸움을 안 하시겠다면 오직 정성을 다하여 마음을 닦고, 우주와 대자연의 진리에 맞게 마음의 중심을 잡으셔야 합니다. 그러면 싸우지 않고 이기게 되는 것이며, 백성들도 불행을 당하지 않게 될 것입니다."

【 학의 다리가 길다고 자르지 마라 】

교만함을 버려라

:: 교만한 마음을 버려야 재앙을 피할 수 있다

오나라 왕이 강 건너 원숭이들이 사는 산으로 갔다. 모든 원숭이들이 왕을 보고 두려워서 달아났다. 그러나 그 중 한 마리가 왕 앞에서 알짱거렸다. 왕은 그 원숭이를 가소롭게 여기고 활을 쏘았다.

그러자 그 원숭이는 날아가는 화살을 잡는 것이었다. 화가 난 왕은 신하들에게 계속해서 화살을 쏘게 했으므로 원숭이는 마침내 날아오는 화살을 맞았다. 그 때 왕은 친구 안불의顔不疑를 불러 말했다.

"저 원숭이는 내 앞에서 자기 재주를 뽐내려다가 죽게 되었네. 그러니 그대도 저 원숭이를 거울삼아 남의 앞에서 교만하게 굴어서는 안 되네."

그 말을 들은 안불의는 모든 지위와 호화로운 생활을 정리하고 오나라의 현인인 동오董梧를 찾아가 그를 스승으로 모시고 교만한 마음을 버리고 살았다. 3년이 지난 후 온 나라 사람들이 그를 칭찬했다.

남에게 베풀어라

:: 도량을 크게 갖춘 자는 더 구할 것이 없고 잃어버릴 것도 없다

공자가 초나라에 갔을 때 왕에게 말했다.

"바다는 모든 강물을 받아들입니다. 바다보다 포용력이 큰 것이 세상에 어디 있겠습니까? 성인도 천하를 크게 받아들이고 세상에 은혜를 내리기는 하지만 아무도 성인의 심정을 알아 주는 사람이 없습니다. 따라서 사는 동안에는 관직에 오르지 않으며 죽어서도 시호가 없고, 살아서 이득을 챙긴 일이 없으며 자신의 이름도 세상에 드러내지 않은 사람이야말로 대인이라고 할 수 있습니다. 개가 잘 짖는다고 좋은 개가 아닌 것처럼 사람도 말을 잘한다고 해서 똑똑한 것이 아닙니다. 그러니 큰 도량을 베풀지 않는 자는 성인이라고 말할 수 없습니다. 사람이 천지의 대자연만큼 갖추지 못했다면 어느 누구도 다 갖추었다고 말할 수 없는 것입니다. 크게 갖춘 자는 더 구할 것이 없고, 잃어버릴 것도 없으며, 욕심으로 자신의 본성을 바꾸는 일도 없습니다."

하늘이 내리는 벌

:: 하늘이 내리는 벌은 빗나가는 법이 없다

남백자기에게는 아들이 8명 있었다.

어느 날, 그는 아들을 모두 불러놓고 관상을 잘 보는 구방연에게 자기 아들 중에서 누가 가장 행복하게 살겠는지 물었다. 구방연은 남백자기의 아들 중에서 곤이 평생을 왕처럼 온갖 좋은 음식을 실컷 먹으면서 살게 될 것이라고 말했다.

그 말을 들은 남백자기는

"내 아들 곤이 왜 그런 불행에 빠지게 되는지 모르겠다."

면서 울었다. 그러자 구방연이 물었다.

"아들이 좋은 팔자를 타고났는데 왜 우십니까?"

그러자 남백자기가 말했다.

"우리 집안은 지금까지 목축이라고는 해 본 일도 없네. 그런데 갑자기 양이 우리 집 서남쪽에서 나타난다면 어떤 생각이 들겠나? 또

한 우리 집안은 단 한 번도 사냥을 해 본 적이 없는데 메추리가 우리 집 동북쪽에서 나타난다면 어떤 생각이 들겠나? 우리는 지금까지 하늘과 땅의 뜻을 섬기며 살아왔네. 꾀를 부리지도 않았고 이상한 짓도 하지 않고 살았다네. 우리는 자연의 이치에 따라 자연과 일체가 되어 정성껏 살면서 마음을 어지럽힌 일도 없었네. 그런데 우리 아이가 그렇게 세속적인 보상을 많이 받게 된다니, 어찌 나쁜 조짐이 아니겠는가? 그것은 내 아들의 죄가 아니라 하늘이 내게 주시는 벌이 틀림없네. 그래서 나는 우는 것이네."

그 후 얼마 안 되어 아들 곤은 연나라로 가는 도중에 도둑 떼를 만나 다리를 잘렸고, 도둑들은 곤을 제나라의 부자 거공渠公에게 팔았다. 거기서 곤은 문지기 노릇을 하면서 평생을 고기만 먹고 살았다.

학의 다리가 길다고 자르지 마라

:: 사물을 보고 그릇된 판단을 해서는 안 된다

한약재 오두烏頭, 곧 바곳은 복통·치통·인후통 등 아픈 곳에 따라 달리 쓰이고, 길경桔梗은 피를 토하는 객혈의 약재로 쓰이며, 계옹鷄癰은 가루로 만들어 장수를 위한 약재로 쓰이며, 시령豕零은 임질·부종·습진 등을 다스리는 한약재이다.

이들 약재는 병의 중세에 따라 각각 따로 쓰이는 좋은 약재들이기 때문에 어느 약은 좋고 어느 약은 나쁘다고 잘라 말할 수가 없다.

월越나라 왕 구천句踐은 전쟁에서 패하여 고작 3천 명의 군사를 이끌고 회계산會稽山으로 들어가 숨어서 살았다. 그 때 구천을 도왔던 대부大夫 문종文種은 월나라가 언제인가는 다시 일어설 것이라는 사실을 알고 있었지만, 자신이 뒷날 구천에게 죽음을 당하게 될 줄을 몰랐다.

올빼미의 눈이 낮에 보이지가 않는다고 쓸모없는 것이 아니다. 올

224

뻐미의 눈은 밤에는 잘 보인다. 학의 다리도 쓸데없이 길다고 잘라 버려서는 안 된다. 학의 다리는 길어야 학에게 편리한 법이다.

  모든 사물의 잘잘못과 착하고 악함은 그때그때 시대의 환경과 조건에 따라 다르게 평가되는 것이다. 따라서 짧은 안목으로 잘잘못을 가려서는 안 된다.

자신의 주관이 뚜렷해야 한다

∴ 마음이 무심한 사람은 평평하게 살면서 자연에 순응한다

　사람들 가운데는 자기 주관은 없이 남의 말만 믿고 행하며 만족하게 사는 사람이 있다. 그런가 하면 한 스승한테만 배워서 그 학설 이외의 것은 거들떠보지도 않고 오직 그 학설만 믿으면서 평생을 사는 사람도 있다. 또한 다른 사람의 위에 숨어서 그 권위로 자기 자신을 크게 믿고 작은 현실에 만족하고 사는 사람도 있다.
　돼지의 성긴 털 사이에는 이가 산다. 이는 그 곳을 큰 궁전이나 큰 산으로 여기며 산다. 발톱 귀퉁이나 가랑이 사이에 붙어서 사는 이도 있다. 그 이는 돼지가 도살장에서 죽으면 자신도 죽는다는 것도 모른 채 평생을 산다. 사람 중에도 그와 같은 사람이 있는 것이다.
　순이라는 사람은 요에 의해 불모지에 가서 자신의 총명이 쇠해서 늙도록 쉬지 않고 일하면서 살았다. 그는 눈에 보이는 대로 사물을 보고, 귀에 들리는 대로 소리를 들으며 살았다.

102

세상의 사물에 홀리지 마라

∷ 부엉이의 밤눈이 좋은 까닭이 있듯이 학의 다리가 긴 까닭도 있다

 부엉이의 눈은 밤에 살기 좋고, 학의 다리는 길어서 좋지만, 길다고 자르면 반드시 슬픈 일이 생긴다. 부엉이의 밤눈이 좋은 까닭이 있듯이 학의 다리가 긴 이유가 있기 때문이다. 이 세상에서 아무 쓸모없이 생긴 사물은 하나도 없다.

 바람이 불고 해가 비추면 강물은 줄어든다. 바람에 물이 흐르고 해가 물을 증발시켜 버리기 때문이다. 그렇지 않다면 강물은 끝내 조용할 뿐이다. 그래도 강물이 줄지 않는 것은 산 속에 있는 계곡의 물이나 빗물이 도와 주기 때문이 아닌가.

 물은 흙을 만나면 곧바로 스며들고, 그림자는 사람을 철저히 따른다. 이렇듯 이 세상의 만물은 서로가 가까운 관계를 맺고 있다. 그러나 사람의 눈은 세상의 사물에 홀려 눈의 본성을 잃기 쉽고, 귀는 소리를 들으면 소리에 홀려 귀의 본성을 잃게 되며, 마음도 사물에 다

스림을 당해 본성을 쉽게 잃는다.

　따라서 인간이 어떤 능력을 떨칠 때는 본성에서 떨어져 나가기 쉽다. 한번 본성을 벗어나면 제대로 돌아가기가 어려워져 화는 점차 커지고, 그 화는 자신에게 모인다.

　그렇게 되면 본성을 되찾기 위해서 상당한 노력을 쌓아야 하고, 그 결과도 오랜 시간을 기다려야 한다.

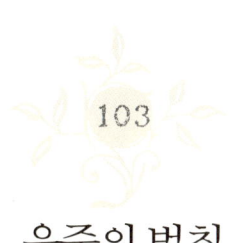

103

우주의 법칙

❖❖ 사람은 자신이 쌓은 지혜를 모두 잊어야 비로소 진실을 깨달을 수가 있다

사람이 땅을 밟을 때는 그 너비가 아주 좁지만 아직 밟지 않은 넓은 땅이 있기 때문에 안심하고 걸을 수 있다. 그처럼 지혜 역시 아주 작지만 세상에는 더 큰 지혜가 있기 때문에 인간은 계속 지혜를 애써 구하고 있는 것이다.

우리가 도를 구하는 것은 아직도 도가 혼돈 속에 처해 있기 때문이며, 혼돈된 도가 거기에 있고, 혼돈 속에 무한히 큰 믿음이 존재하기에 우리는 끝없이 그것을 찾아 헤매고 있다. 바로 그런 상태를 깨달은 사람만이 최고의 지식에 이를 수 있는 것이다.

사람의 지혜가 끝난 곳에 하늘이 있고, 하늘의 이치에 순순히 따를 때 사람의 지혜는 밝아지는 것이며, 언어를 뛰어넘은 자연 속에 그것을 운행하는 작용이 있고, 그것들은 원시의 상태대로 이미 서로가 맞서고 있는 것이다.

아무리 지혜로 만물의 이치를 깨달은 사람일지라도 이러한 것을 쉽게 이해할 수는 없다. 그러기에 사람은 자신이 쌓아 온 지혜를 모두 잊어야만 비로소 진실을 알 수가 있는 법이다. 모든 것이 혼돈된 상태에 참된 이치가 있고, 영원한 것도 있는 것이다. 그것이 우주의 법칙이자 질서이다.

말[言]을 다스려라

∷ 천하를 다스리는 것은 양을 치는 것과 같다

황제黃帝가 대외를 만나려고 구자산具茨山으로 가는 도중에 마침 지나가는 목동을 만나 길을 물었다.

"너 혹시 구자산을 알고 있느냐?"

"예, 알고 있습니다."

"그러면 대외가 어디에 있는지도 알고 있겠구나?"

"그렇습니다."

황제가 말했다.

"구자산뿐만 아니라 대외가 있는 곳까지도 알고 있으니, 그럼 천하를 다스리는 법을 들려 다오."

이에 목동이 말했다.

"천하를 다스리는 것은 양을 치는 것과 같습니다. 저는 아주 어렸을 때부터 이런 대자연 속에 묻혀서 살고 있다가 느닷없이 눈이 보이

지 않는 병에 걸렸습니다. 그 때 어떤 사람이 수레를 타고 이 들판에 와서 놀라고 가르쳐 주서서 그 말을 따랐더니 지금 제 병은 조금 나아졌습니다. 그래서 저는 다시 한번 대자연 밖으로 가서 놀려고 했습니다. 무릇 천하를 다스리는 법도 이와 같을 것입니다. 무슨 다른 법이 있겠습니까?"

이 말을 들은 황제가 천하를 다스리는 법을 묻자, 그제야 목동이 말했다.

"천하를 다스리는 것이 말(訁)을 다스리는 것과 무엇이 다르겠습니까? 다만 말을 해치려는 요소들을 없앨 뿐입니다."

이에 황제는 절을 두 번 하고 목동을 천사(天師)라 부르며 물러갔다.

달팽이 뿔 위의 싸움

∷ 사소한 다툼 때문에 긁어 부스럼을 만들 필요는 없다

위魏나라의 혜왕惠王은 제齊나라의 위왕威王이 약속을 어겼다는 이유로 자객을 보내어 위왕을 죽이려고 했다. 그 때 공손 연公孫淵이 그 말을 부끄러워하며 간했다.

"폐하, 만승萬乘의 군주로서 어떻게 자객을 보내 복수를 하려고 하십니까? 신에게 20만 군사를 주시면 제나라를 공격하여 포로와 재물을 빼앗아 오겠습니다. 그렇게 복수하는 것이 좋지 않겠습니까?"

그 때 계자季子가 말했다.

"성을 열 길까지 쌓았다가 헐어 버린다면 그 동안의 수고가 헛일이 됩니다. 우리가 전쟁을 하지 않은 지가 7년째입니다. 그것은 지금까지 폐하께서 천하의 왕이 될 기초를 쌓은 것입니다. 공손 연의 말을 듣고 싸움을 일으켜서는 안 됩니다."

그 때 혜왕의 가신家臣인 화자華子가 말했다.

"제나라를 치자고 말하는 자나, 제나라를 치지 말자고 하는 자나 똑같이 싸움을 일으키는 자입니다."

그러면 도대체 어떻게 하는 것이 좋으냐고 혜왕이 묻자, 재상인 혜자惠子가 양梁나라의 현인인 대진인戴晉人을 왕에게 데리고 와 충고를 부탁했다.

"폐하, 달팽이 왼쪽 뿔 위에는 촉씨觸氏라는 나라가 있고, 오른쪽 뿔 위에는 만씨蠻氏라는 나라가 있습니다. 그 작은 두 나라가 국경을 놓고 싸움을 벌이면 죽은 사람이 수만 명이나 나옵니다. 그러나 위나라는 배를 타거나 수레를 타고 유람을 할 수 있을 만큼 큰 나라입니다. 그런 큰 나라에 양이라는 도읍이 있고, 그 도읍 안에 폐하가 계십니다. 만일 폐하께서 싸움을 일으키시겠다면 저 작은 촉과 만이라는 나라와 무엇이 다르겠습니까?"

"다름이 없소."

대진인이 나가자 혜왕은 정신이 멍하게 나간 것 같았다. 그 때 혜자가 들어와 말했다.

"대나무 통을 불면 큰 소리가 나지만, 칼 손잡이를 불면 아주 작은 소리가 납니다. 요堯와 순舜은 모든 사람들이 칭송하지만, 이들을 대진인 앞에서 말하는 것은 마치 작은 소리를 내는 것과 같습니다."

【 세상을 의식하고 행동하지 마라 】

106

천성을 해치는 잡초를 만들지 마라

 정욕에 빠지거나 나쁜 버릇을 길러 천성을 해치게 해서는 안 된다

장오長梧라는 지방의 국경을 지키는 사람이 공자의 제자인 금자뢰琴子牢에게 말했다.

"그대는 정치를 할 때 조잡한 방법을 쓰지 말고 백성들을 다스리는 것도 조심해서 하게. 전에 내가 농사를 지으면서 밭을 대충 갈았더니 곡식들이 조잡하게 열매를 맺어 내게 복수를 했고, 김을 맬 때 엉성하게 맸더니 곡식들도 엉성하게 익어서 내게 복수를 했었네. 그래서 이듬해에는 밭을 정성스럽게 갈고 써레질도 잘했더니 벼도 잘되고 풍년이 들어서 1년 동안 배불리 먹을 수 있었네."

그 말을 듣고 장자가 말했다.

"그 사람의 말이 맞다. 지금 사람들은 흔히 대자연의 이치에서 벗어나려고 한다. 자기가 타고난 성품을 없애려고 애쓰고, 자기 본성에서 벗어나려고 애쓴다. 그것은 욕심이 많아서 많은 일을 하려고

하기 때문이다. 자연의 이치에 맞게 자신의 본성을 잘 기르려고 하지는 않고, 정욕에 빠지거나 나쁜 버릇을 길러서 천성을 해치는 잡초를 만든다. 그것은 처음에는 싹이 나서 도움이 되는 것 같지만 얼마쯤 자라면 독성을 뿜어 본성을 뽑아 버리고 그 독이 몸 전체로 퍼져서 몸에 부스럼이 나고 옴과 내열內熱 등의 병이 생기게 된다."

억압은 화를 부른다

:: 힘이 모자라면 거짓말을 하고 지혜가 모자라면 속인다

노자의 제자 백구栢矩가 천하를 유람하려고 하자 노자가 말했다.

"천하가 모두 여기 있는데 어디에 가서 무엇을 보겠다는 것이냐?"

그러나 백구는 노자의 말을 듣지 않고 제나라로 떠났다. 백구는 제나라에 가서 가장 먼저 죽은 사형수를 만나게 되었다.

백구는 자기가 입은 예복을 벗어서 덮어 주면서 하늘을 향해 통곡하며 말했다.

"그대여, 천하의 재앙들 중에 그대가 먼저 걸려들어 희생되었구나. 그대는 사람을 죽였다는 말인가, 아니면 도둑질을 했다는 말인가? 영광과 굴욕 후에는 늘 병이 들고, 재물 앞에서는 늘 다툼이 있었다. 위정자들이 정치를 아무리 잘한들 이런 환난을 어찌 멈출 수 있겠는가. 옛왕들은 백성들의 허물을 모두 자기 탓으로 돌리고, 늘 자리에서 물러나 자신을 꾸짖었다. 그러나 지금은 누가 책임을 지는

가? 오히려 위정자들은 재물을 감추고, 백성들에게 어려운 일을 시켜 해내지 못하면 죄를 주고, 무거운 책임을 맡겨 행하지 못해도 벌을 주고, 먼 길을 가게 하여 못 가도 처형을 시켰다. 이렇게 날로 거짓이 많아지면 백성들은 더욱더 거짓된 행동을 하고, 힘이 모자라면 거짓말을 하고, 지혜가 모자라면 속이며, 재물이 없으면 훔치는데, 이런 세상에 누구를 꾸짖어야 옳다는 말인가?"

세상의 여론

:: 양자강이나 황하는 작은 개울들이 모여서 이룬 것이다

수레의 각 부분을 떼어 낸 것은 수레가 아니지만, 그 수레의 각 부분을 다시 맞추면 수레가 된다. 그와 마찬가지로 양자강이나 황하 역시 작은 개울물들이 모여서 큰 강을 이룬 것이다.

성인 역시 한 마디의 말이나 작은 행실들이 본보기가 되기 때문에 모든 사람들로부터 우러름을 받는 것이다. 따라서 다른 사람의 말을 들을 때는 자기 주장이 있더라도 끝까지 우기지 말아야 하고, 자기 마음 속에 정당한 생각이 있더라도 남의 말을 물리쳐서는 안 되는 법이다.

사계절은 기온이 다르지만 하늘은 어느 한 계절만 특별히 다루지 않으므로 한 해를 이룰 수 있고, 한 나라의 벼슬아치들은 그들이 맡은 직책이 다르지만 왕은 특별히 어느 직책을 맡은 벼슬아치만을 총애하지 않아야 나라가 잘 다스려지는 것이며, 선비와 군사는 하는

  일이 다르지만 대인은 어느 쪽을 더 감싸지 않기 때문에 덕을 갖추었다고 말할 수 있는 것이다.
  이 세상의 만물은 각각 그 존재의 까닭이 다르지만 도를 편애를 하지 않으므로 만인이 따르는 것이다. 인간에게 행복과 불행은 계속 바뀌는 것이므로 서로 좋음과 싫음이 있고, 큰 산에는 많은 나무와 풀들이 각각 조화의 바탕을 이루고 있으니, 이런 것들을 세상에서는 여론이라고 한다.

자연의 변화는 되풀이 된다

∷ 모든 것은 근본으로 돌아가고 근본에서 다시 시작된다

음과 양은 서로 받아들이고, 서로 밀어내고, 서로 다스린다. 사계절은 서로 바꾸어 가며 자연을 차지하고, 밀어내고, 또 물러나며, 사람의 욕심과 미움도 서로 차지하고 물러나기를 되풀이 한다. 암컷과 수컷이 서로 화합하고 또 서로 떨어지는 것도 당연한 일이다.

편안하면 바빠지고 싶고, 바쁘면 한가해지고 싶어한다. 불화와 화목이 계속 바뀌고, 느림과 급함이 서로 바뀌며, 모임과 흩어짐이 계속되고, 시작하면 끝나고, 끝나면 다시 시작되면서, 결국은 근본으로 돌아가고 근본에서 다시 시작된다.

인간의 작은 지혜로 대자연을 논하지 마라

∴ 만물의 근본은 시작이 언제부터이며 끝이 언제인가를 알 수 없다

세상을 잘 모르고 지혜가 없는 소지少知가 만물을 조화시키는 대공조大公調에게 물었다.

"제나라의 현인 계진季眞은 도道라는 것은 아무것도 하는 일이 없는 것이라고 말했는데, 같은 제나라의 현인 접자接子는 도가 만물에 크게 작용하고 있다고 말했습니다. 도대체 누구의 말이 옳은지 말씀해 주십시오."

대공조가 말했다.

"닭이 울고 개가 짖는 것을 모르는 사람은 없다. 그러나 아무리 지혜가 뛰어난 사람이라도 닭이 왜 울고 개가 왜 짖는지 설명할 수 있는 사람은 없다. 또 개나 닭이 무엇을 하려고 이 세상에 태어났는지 알 수 있는 사람이 어디 있겠느냐? 따라서 어떤 사실을 놓고 그것이 있어야 할 까닭을 설명한다거나 그 개념을 규정하려고 하는 것은 잘못을 저지르는 일이 된다. 닭이나 개가 세상에 있는 것은 그것이 반드시 있어야 할 까닭이 따로 있는 법이고, 개와 닭이 울고 짖는다면 그 까닭도 반드시 있게 마련이다. 어떤 존재를 말로 나타낼 수 없다고 해서 그것이 있어야 할 까닭이 없다고 어떻게 감히 말할 수 있단 말이냐? 이미 있는 것을 없다고 할 수 없는 것처럼, 이미 죽은 것을 다시 살게 할 수는 없지 않느냐. 죽고 사는 것도 그처럼 우리 곁에 아주 가까이 있으나 이치가 무엇인지 아는 사람이 이 세상에 누가 있겠느냐? 그러니 인간의 작은 지혜를 가지고 대자연의 진리를 어떻게 말할 수 있다는 말이냐. 내가 만물의 근본을 생각해 보면 시작이 언제부터이며 끝이 언제인가를 헤아릴 재주가 없고, 만물이 서로 어떤 관계를 가지고 작용을 하고 있는지도 알 수가 없다. 따라서 도라는 것은 살아가는 데 소용이 없을 수도 있고, 아주 중요할 수도 있다. 게다가 우리는 대자연의 이치에 도라는 이름을 끌어다 임시로 붙여서 쓰는 것일 뿐이니, 우리 머리로 도의 이치와 방법을 아무리 말해 보아도 그것은 하나의 관념에 지나지 않을 뿐이다. 따라서 도라는 것은 말과 침묵을 넘어서 아무것도 하는 일이 없는 경지가 아닐까 생각한다."

욕심은 몸과 마음을 불태워 버린다

∴ 부모는 자식의 효도를 바라지만 효도가 지극하다고 해서 부모의 사랑을 받는 것은 아니다

운명은 자기의 뜻대로 되는 것이 아니다. 왕에게는 신하의 충성이 반드시 필요하지만 그렇다고 그 충성이 반드시 모두 받아들여지는 것은 아니다. 그래서 춘추시대 때 초나라 사람으로서 오나라의 충신 오자서伍子胥는 오왕 부차夫差에게 충간했으나 받아들여지지 않자 자결했으며, 그 시체는 가죽 부대에 넣어 강물에 던져졌다.

또한 주나라의 대부 장홍도 왕에게 충고를 하다가 쫓겨났다가 촉蜀 땅으로 돌아가 분해서 배를 가르고 죽었다.

모든 부모는 자식의 효도를 바라지만 자식의 효도가 지극하다고 해서 반드시 부모의 사랑을 받는 것은 아니다. 은나라 고종高宗의 아들이었던 효기孝己는 부모에게 효도했으나 계모의 학대를 받고 쫓겨나서 죽었다.

　나무와 나무가 오래 마찰하면 불이 일어나고, 쇠도 불과 맞서면 녹아 버린다. 음과 양이 뒤섞여 어지러워지면 천지가 크게 변한다. 그래서 천둥과 번개가 치면 비가 와도 큰 느티나무에 벼락이 떨어져 불이 붙는다. 사람들도 이해관계에 얽히면 불의 함정에서 피할 도리가 없다.
　그래서 사람들은 이웃과 만나면 늘 불안하고 걱정에 빠진다. 이해관계가 얽혀 마음에 불이 붙기 때문이다. 사람의 마음은 달처럼 밝지만 불은 몸도 마음도 태워 버린다.

112

모든 것은 필요할 때 써야 한다

∷ **발등에 떨어진 불은 우선 꺼야 한다**

집이 가난했던 장자는 어느 날, 감하후監河侯에게 식량을 빌리려고 갔을 때 감하후는 장자에게 이렇게 말했다.

"내가 세금을 거두려고 하는데, 그 때 3백 금을 꾸어 주겠네."

그 말을 들은 장자는 불쾌함을 애서 누르며 말했다.

"여기 오는 도중에 누가 제 이름을 불러서 살펴보았더니 수레바퀴 자국에 고인 물 속에서 붕어 한 마리가 '저는 동해바다에서 물을 맡고 있는 관리입니다만 어쩌다 여기까지 오게 되었습니다. 잠시 후에는 이곳 물이 말라 버릴 텐데 당신이 물 한 바가지만 가져와 저를 살려 주십시오' 하고 말했습니다. 그래서 저는 붕어에게 '좋다. 내가 지금 오나라와 월나라에 가서 서강의 물을 이곳까지 끌어다 주겠으니 그 때까지만 기다려 다오' 하고 말했더니 붕어가 화를 내면서 '저는 지금 한 바가지의 물만 있으면 살 수가 있는데 그렇게 하시는 것입니까? 그렇다면 건어물 가게에 가서서 저를 찾는 것이 좋을 것입니다' 라고 말했습니다."

인간의 어리석음

∷ 사람들은 모두 자기의 지혜로 판단된 것만 옳다고 믿는다

위나라의 어진 대부 거백옥蘧伯玉은 60세의 나이에 60번이나 변했다. 처음에 옳다고 여긴 것을 돌아서서 틀렸다고 부정하지 않은 적이 없었다. 그래서 이제 나이 60세가 되어 옳다고 여기고 있는 것도 과거 59년 동안 틀렸다고 여겼던 것인지도 모른다.

이 세상의 모든 사물은 계속 태어나지만 그 뿌리가 어디이며 무엇인지 도무지 알 수가 없다. 사람들은 모두 자기의 지혜로 판단된 것만 옳다고 믿고 존중하고 있지만, 자기 지혜로 도저히 깨달을 수 없는 대자연의 근본 이치가 무엇인지도 모르고 있으니 결국은 어찌 어리석다고 하지 않을 수가 있겠는가. 이렇게 말하는 나 역시 미혹에서 벗어나지 못하고 있으니 내가 하는 이 말도 옳은 것인지 틀린 것인지 알 수가 없구나.

큰 물고기는 큰 바다에서 살아야 한다

:: 낚싯대가 크고 튼튼해야 큰 고기를 낚을 수 있다

춘추시대의 임任나라에 살던 한 공자公子는 50마리의 소를 큰 낚시의 미끼로 꿰어 회계산 위에 걸터앉아서 동해에 낚싯대를 드리우고 날마다 낚시질을 했다. 그러나 1년이 지나도 입질하는 고기가 없었다. 그러던 어느 날, 큰 고기가 미끼를 물고 물 속으로 쑥 들어갔다가 나왔다. 그 물고기가 물 위로 솟구쳐서 지느러미를 흔들 때에 산더미 같은 파도가 일어났고, 파도 치는 소리가 천 리 밖까지 들렸다.

공자는 그 큰 고기를 잡아서 토막을 내고 말려서 포를 만들었는데, 그 때 점강의 동쪽에서부터 창오산 북쪽에 사는 사람들까지 모두 그 고기를 실컷 먹지 않은 사람이 아무도 없었다. 그래서 사람들은 "작은 낚싯대에 가는 낚싯줄을 매달고 작은 미끼를 꿰어 작은 시냇물에 가서 낚시질을 하는 사람들이 감히 그런 큰 고기를 어떻게 잡을 수 있겠는가" 하고 말했다.

쓸 데가 없는 것이라도 쓸 데가 있다

∴ 쓸 데가 없는 것을 알아야만 비로소 쓸 데가 있는 것을 알게 된다

혜자惠子가 장자莊子에게 말했다.

"그대가 말하는 것은 쓸 데가 없소."

그러자 장자가 대꾸했다.

"쓸 데가 없는 것을 알아야만 비로소 쓸 데가 있는 것을 알게 되오. 대체로 땅은 크고 넓지 않은 것은 아니나, 사람이 필요한 것은 고작 발을 디딜 수 있는 좁은 범위뿐이오. 그렇다고 발로 밟고 있는 땅만 남겨 놓고 그 나머지를 파서 황천黃泉에 이르게 해도 사람들은 오히려 그것만 필요하다고 말하겠소?"

이에 혜자가 대답했다.

"그것만으로는 쓸 데가 없소."

그러자 장자가 말했다.

"그렇다면 쓸 데가 없다는 것은 쓸 데가 있음이 분명하오."

116

훌륭한 사람은 부족한 것처럼 보인다

∷ 참으로 깨끗한 사람은 도리어 더럽게 보여야 가까이 할 수 있다

양주가 남쪽의 패라는 땅으로 여행을 갔을 때 노자老子도 서쪽의 진秦나라를 여행하고 있었다. 이에 양주는 패의 교외까지 마중을 나가 양梁나라에 이르러 노자를 만났다.

노자는 양주를 만나 함께 오는 도중에 탄식을 했다.

"처음에는 너를 가르칠 만하다고 여겼더니 지금 보니 틀렸구나!"

그러자 양주는 아무 말도 하지 않고 주막에 이르러 세숫물과 양치물과 수건과 빗을 노자에게 갖다 주고, 자신은 문밖에서 신을 벗고 무릎으로 기어가서 말했다.

"제가 스승님께 청하려고 했으나, 스승님께서 바쁘셔서 감히 여쭙지 못했습니다. 지금은 조금 한가하시니 제가 틀렸다는 까닭을 묻고자 합니다."

노자가 말했다.

"너는 눈을 부릅뜨니 누가 너와 함께 있으려고 하겠느냐? 참으로 깨끗한 사람은 도리어 더러워 보이고, 참으로 훌륭한 사람은 어딘지 부족한 것처럼 보이는 법이다."

이에 양주가 자세를 고치며 말했다.

"스승님 말씀을 따르겠습니다."

처음에 노자가 주막에 머물렀을 때는 주막 사람들이 그를 맞이하여 주인은 이부자리를 가져오고, 그의 아내는 수건과 빗을 가져다 주었으며, 주막에 같이 있던 사람들이 자리를 피했고, 불을 쬐던 사람들은 그를 피했었다.

그러나 노자가 돌아갈 때에는 주막의 모든 사람들이 자리를 함께 할 만큼 친해졌다.

세상을 의식하고 행동하지 마라

∴ 배우고도 실천을 하지 못하면 그것을 병이라고 한다

원헌原憲이 노나라에서 사방 한 칸의 집에 지붕을 풀로 덮고 쑥대로 만든 출입문도 완전하지 못한 집에서 살고 있었다. 이 때 자공子貢은 큰 수레를 탔는데, 수레가 커서 골목으로 들어갈 수가 없었으므로, 자공은 수레에서 내려 걸어가서 원헌을 만났다.

그러자 원헌은 가죽으로 만든 관에 떨어진 신을 신고 명아주나무 지팡이를 짚고 나와 맞이하였다.

이 모습을 보고 자공이 물었다.

"선생은 무슨 병이 있습니까?"

그러자 원헌이 대답했다.

"나는 듣건대 재물이 없는 것을 가난하다고 하고, 배웠는데도 능히 실천하지 못하는 것을 병이라고 하는데, 나는 지금 가난한 것뿐이지 병이 있는 것은 아니네."

이에 자공이 머뭇거리면서 부끄러워하자, 원헌이 웃으면서 말했다.

"무릇 세상의 평판을 바라면서 행동하고, 친한 사람을 모아서 당을 만들며, 남에게 보이기 위해 학문에 힘쓰며, 남을 가르쳐서 자신의 이익을 꾀하며, 인의仁義를 내세우고 거마車馬를 장식하는 일을 나는 차마 못 하네."

작은 지혜를 버리면 큰 지혜가 떠오른다

∴ 자신을 버려야 저절로 착해질 수 있다

어떤 사람이 아무리 혼자서 뛰어난 지혜를 가졌다 해도 수많은 사람들 중에서 나오는 한 가지 지혜를 당해 낼 재주가 없다. 지혜도 막혀서 힘을 쓰지 못할 때가 있고, 신령의 힘으로도 당해 내지 못할 때가 있는 법이다.

물고기는 그물은 무서워하지 않지만 물새들은 겁낸다. 작은 지혜를 버리면 큰 지혜가 밝아지는 것처럼, 자신이 착하다는 생각을 버려야 저절로 착해질 수가 있다. 어린아이가 태어나서 누가 가르쳐 주지 않아도 말을 배우는 것은 말할 수 있는 사람들과 같이 살고 있기 때문이다.

자연대로 살아라

∷ **마음이 비어 있지 않으면 다투게 된다**

눈이 잘 보이는 것을 명明이라고 한다. 귀가 잘 들리는 것을 총聰이라고 하고, 총명하다는 것은 잘 보이고 잘 들린다는 뜻이다. 코가 냄새를 잘 맡는 것을 전顫이라고 하고, 입이 맛을 잘 보는 것을 감甘이라고 한다. 마음이 잘 아는 것을 지知라고 하고, 지혜가 잘 통하는 것을 덕德이라고 한다.

사람은 누구나 통하기를 바라지, 막히기를 바라지 않는다. 기가 막혔다는 것은 숨을 쉴 수가 없다는 뜻이며 숨을 못 쉬면 살 수가 없다. 만물 중에 지혜를 가진 존재는 모두 숨을 쉬고 있다.

그런데 숨을 잘 쉴 수 없다는 것은 하늘의 잘못이 아니다. 신은 숨통을 터주고 기를 통하게 해주었는데, 숨이 막히고 기가 막히는 것은 사람들이 자연의 이치에 따르지 않고 스스로 숨통을 막고 기를 막았기 때문이다.

　인체는 내장으로 꽉 찬 것이 아니라 빈 공간이 많이 있다. 그 빈 공간에서 자연의 이치가 여유를 갖게 하고 있다. 만일 방 안의 공간이 좁다면 시어머니와 며느리가 서로 공간을 차지하려고 다투게 될 것이다. 그와 똑같이 마음도 비어 있지 않으면 눈·귀·코·입·마음·지혜 등 육착六鑿이 서로 다투게 된다.
　사람이 속세를 떠나 산 속에서 조용히 살고 싶은 것은 바로 속세에 빈 공간이 없어서 육착의 집착을 이길 수가 없기 때문이다.

목숨은 나라보다도 귀하다

∵ 목숨보다 더 귀한 것은 세상 어디에서도 찾을 수 없다

한韓나라와 위魏나라가 서로 국경을 넘어 땅을 차지하려고 싸웠다. 그 때 위나라의 현인 자화자子華子가 한나라의 소희후昭僖侯를 만나서 물었다.

"만일 천하의 땅 문서를 내놓고 왼손으로 땅 문서를 잡으면 오른손을 자르고, 오른손으로 땅 문서를 잡으면 왼손을 자르겠다고 한다면, 둘 중 한 손이 잘리는 것은 틀림없지만 어쨌든 땅 문서를 잡는 사람이 천하의 땅을 차지하게 될 것입니다. 그렇다면 폐하께서는 그 문서를 잡으시겠습니까?"

소희후가 대답했다.

"과인은 그런 문서는 잡지 않겠노라."

그러자 자화자가 말했다.

"옳은 말씀입니다. 폐하의 두 팔은 천하보다 귀하고, 옥체는 두

팔보다 더 귀합니다. 그리고 한나라는 천하보다 귀하지 않으며, 지금 위나라와 서로 다투는 땅은 한나라보다 가치 없는 것입니다. 그런데 폐하께서 그 작은 땅을 차지하기 위해 목숨을 걸어서야 되겠습니까?"

그 말을 들은 소희후는 자화자야말로 무엇이 가치 있고 무엇이 가치 없는 것인가를 알려 준 사람이라고 칭찬했다.

본성에 어긋나면 다치지 않는 것이 없다

∴ 몸에 밴 교만함과 얼굴에 숨은 지혜로움을 지워야 군자가 될 수 있다

초나라의 현인 노래자老萊子의 제자가 나무를 하러 갔다가 공자를 만나고 돌아와서 말했다.

"저쪽에 한 사람이 있는데, 윗몸은 길고 아래는 짧으며, 등은 좁고 귀는 뒤쪽으로 처져 있었습니다. 그리고 눈은 천하를 움직이려는 것 같았습니다. 그가 누구인지 알 수 없습니다."

이에 노래자가 제자에게 말했다.

"그는 공자이니라. 가서 데려오너라."

공자가 오자 노래자가 말했다.

"그대는 그대 몸에 배어 있는 교만한 태도와 얼굴에 숨어 있는 지혜로운 빛을 지워 버리게. 그러면 군자가 될 수 있을 것이네."

이에 공자는 고개를 한 번 숙이고 조금 물러나 놀란 듯이 물었다.

"그렇게 하면 제 인의仁義의 사업을 세상에 펼 수 있겠습니까?"

노래자가 대답했다.

"무릇 그대는 세상이 어지러운 것을 참지 못하여 그러지만 이는 영원히 근심거리를 남기는 것이 되네. 그대가 은혜를 베풀어 남의 환심을 사는 것은 평생 동안 추한 일이네. 이는 중간 정도의 사람들이 하는 일로, 서로 끌어당겨서 이름을 내고 사사로운 은혜를 가지고 합하려는 것일세. 요堯임금을 칭찬하고 걸桀임금을 비난하는 것보다는 칭찬이나 비난하는 생각을 모두 잊어버리는 것만 같지 못하네. 본성에 어긋날 때는 다치지 않는 것이 없고, 능력이 있는 마음을 가지고 행동하면 도리에 어긋나지 않은 것이 없네. 그런데 그대는 어찌하여 인의를 내세우면서 행동하는가? 그렇게 하면 평생 동안을 뽐내는 것으로 일생을 마치게 되는 것일세."

122

하늘의 지혜는 아무도 따르지 못한다

:: 사람의 지혜로 무엇을 어떻게 공평하도록 할 수 있는가

　장자가 죽음에 가까이 이르렀을 때 제자들이 장례식을 크게 치르려고 하자 장자가 말했다.
　"나는 하늘과 땅을 관으로 삼고, 해와 달을 한 쌍의 구슬로 삼았으며, 별들의 옥으로 장식하고, 만물을 제물로 삼았는데, 내 장례식에 그보다 더 부족한 것이 무엇이냐?"
　그러자 제자들이 말했다.
　"혹시 까마귀나 솔개가 선생님의 시신을 쪼아먹을까 두렵습니다."
　그 때 장자가 말했다.
　"땅 위에 있으면 까마귀나 솔개의 밥이 되고, 땅 속에 있으면 땅벌레나 개미의 밥이 된다. 그것을 이쪽에서 빼앗아다가 저쪽에 주려고 하는 이유가 무엇이냐? 사람의 지혜로 무엇을 어떻게 공평하도록 할 수 있다고 생각하느냐? 하늘의 지혜가 아니고는 세상의 그 어느 것도 어리석은 일이니, 인간으로서 그게 슬픈 일이다."

123

지혜가 있는 사람은 일을 꾀한다

:: **의리가 아니면 대가를 바라지 않고 무도한 땅은 밟지도 않는다**

순舜임금이 자기의 친구인 무택無擇에게 천하를 양보하자 그가 말했다.

"이상하도다! 그대는 농사를 짓고 있다가 요堯임금의 밑에 있으면서 임금이 되었네. 그런데 여기에서 그치지 않고 굴욕적인 행동으로 나를 더럽히려고 하니, 나는 그대를 보는 것이 부끄럽네."

그리고는 곧바로 물이 맑고 찬 연못에 몸을 던졌다. 탕湯임금이 걸임금을 치려고 도를 깨달은 은자隱者인 변수卞隨에게 의논하자 그가 말했다.

"그것은 제가 할 일이 아닙니다."

"그러면 누가 좋겠소?"

"모릅니다."

탕임금이 이번에는 역시 도를 깨달은 은자인 무광務光에게 의논하

자 그가 말했다.

"저의 일이 아닙니다."

"그러면 어떤 사람이 좋겠소?"

"모릅니다."

이에 탕임금이 물었다.

"이윤(伊尹)이 어떻겠소?"

"그는 애써 굴욕을 참기는 할 것입니다. 그 밖의 일은 모르겠습니다."

이에 탕임금은 이윤과 의논하여 마침내 걸임금을 쳐서 이겼다. 그 뒤에 탕임금이 천하를 변수에게 양보하자 그가 사양하며 말했다.

"폐하께서 걸을 치실 때 저에게 의논하셨으니, 이는 반드시 저를 적으로 여기신 때문이요, 걸을 이긴 뒤에 천하를 저에게 양보하시니, 이는 반드시 저를 탓하시는 것이요, 무도한 사람이 저에게 와서 어지러운 세상에 태어난 저를 더럽히려고 하니, 저는 이런 말을 차마 자주 들을 수 없습니다."

그리고는 곧바로 주수에 몸을 던져 자살해 버렸다. 그 뒤에 탕임금은 또다시 천하를 무광에게 양보하면서 말했다.

"지혜가 있는 사람은 일을 꾀하고, 용맹이 있는 사람은 일을 이루며, 어진 사람은 그것을 차지하는 것이 예부터 내려온 도인 것이오. 그런데 그대는 어찌하여 왕의 자리를 마다고 하는가?"

그러자 무광은 사양하며 말했다.

"위에 있는 사람을 끌어내리는 것은 의리가 아니고, 백성을 죽이는 것은 어진 일이 아니며, 남이 어려운 일을 해내는데 제가 그 이익을 누리는 것은 깨끗한 일이 아닙니다. 제가 듣기에는 '의리가 아닌 것은 녹봉을 받지 않고, 무도한 세상의 땅은 밟지도 않는다'고 했는데, 하물며 저를 높이는 일을 어찌 감히 하겠습니까? 저는 이런 일을 차마 오래 볼 수가 없습니다."

그리고는 곧바로 등에 돌을 짊어진 다음 여수에 빠져 죽고 말았다.

임금이라고 백성을 함부로 해쳐서는 안 된다

∵ 임금은 만백성의 어른이지만 만백성의 하인이기도 하다

월越나라 사람이 3대에 걸쳐 임금을 죽이자, 왕자인 수搜는 이를 피하여 단혈丹穴이라는 동굴로 달아나니 월나라에는 임금이 없게 되었다. 이에 월나라 백성들이 수를 찾아서 단혈로 갔으나, 수는 나오지 않았으므로 백성들은 동굴 입구에 쑥을 태워 나오게 하여 임금의 수레에 태웠다.

이에 수는 줄을 잡고 수레에 오르더니 탄식하였다.

"나를 임금으로 삼으려는가? 어찌해서 나를 그대로 내버려 두지 않는가?"

수는 임금이 되는 것을 싫어한 것이 아니라, 임금이 되어 걱정을 받는 것이 싫었던 것이다. 그러므로 수와 같은 사람은 임금이 되어도 나라 때문에 생명을 해치지 않는 사람이라고 말할 수 있다. 그래서 월나라 백성들은 수를 임금으로 모시려고 했던 것이다.

125

운명은 하늘에 의해 정해져 있다

:: 모든 일은 그 때의 세상 형편에 따라 달라진다

공자가 광匡이라는 곳으로 놀러 갔을 때 송나라 백성들이 그를 겹겹이 에워쌌으나, 공자는 계속해서 거문고를 타고 노래를 부르자 자로子路가 물었다.

"스승님께서는 무엇이 그리도 즐거우십니까?"

이에 공자가 대답했다.

"나는 궁지에 빠지는 것을 오랫동안 피했으나, 이것을 면하지 못하는 것은 운명일 것이다. 또 모든 일이 내 뜻대로 잘 되기를 바란 것도 오래 되었으나, 그렇지 못한 것은 시운時運일 것이다. 요순 시대에는 천하에 궁한 사람이 없었으나, 이는 세상 사람들이 지혜가 있었기 때문이 아니었으며, 걸주桀紂의 시대에는 천하의 뜻처럼 잘 된 사람이 없었으나, 이는 세상 사람들이 지혜를 잃었기 때문이 아니고, 마침 그 때의 세상 형편이 그랬기 때문이다. 무릇 물길을 가면서

교룡을 피하지 않는 것은 어부의 용기이고, 육로를 가면서 맹수를 피하지 않는 것은 사냥꾼의 용기이며, 죽음을 삶과 같이 보는 것은 열사烈士의 용기이다. 궁지에 몰려도 운명 때문임을 알고, 형통해도 시운 때문임을 알고, 큰 어려움을 당해도 두려워하지 않음은 성인의 용기이다. 그러므로 너는 분별있게 행동해라. 내 운명은 하늘에 의해 정해져 있느니라."

얼마 뒤에 무장한 군사를 거느린 우두머리가 공자를 찾아와서 인사를 하며 말했다.

"사람을 잘못 알고 에워싼 것이니 아무쪼록 용서하십시오. 이만 물러가겠습니다."

126

남의 의견을 존중하라

 쥐들이 돌아다니는 곳에 음식물을 놓아 두는 것은 어짊이 아니다

사성기士成綺가 노자에게 물었다.

"나는 선생이 성인이라는 말을 들었기에 선생을 만나려고 3천 리나 되는 길을 쉬지 않고 걸어와서 발이 부르터서 걸을 수가 없을 정도입니다. 그런데 지금 선생을 만나 보니 성인이 아닌 것 같습니다. 쥐들이 돌아다니는 곳에 음식물을 놓아두고 거들떠보지도 않는 것은 어짊이 아닙니다. 날것과 익은 것을 한없이 쌓아 두고도 계속해서 거두어들이는군요."

노자는 못 들은 것처럼 아무 대꾸도 하지 않았는데, 서성기는 이튿날에도 찾아와서 말했다.

"어제는 내가 선생을 헐뜯었는데, 오늘은 내 마음이 가라앉았으니 이것은 무슨 까닭에서입니까?"

노자가 비로소 말했다.

"무릇 지혜가 뛰어나고 성스러움이 신의 경지에 이르렀다는 사람

으로부터 벗어났다고 생각하기 때문이오. 어제 그대가 나를 소라고 불렀다면 소라고 했을 테고, 말이라고 불렀다면 말이라고 했을 것이오. 그런 사실이 진실로 있어 남들이 나에게 그런 명칭을 붙였는데도 이를 받아들이지 않는다면, 다시 재앙을 받게 될 것이오. 나의 복종은 변함이 없는 복종일 뿐 복종하려고 생각해서 복종하는 것은 아니오."

서성기는 노자의 그림자를 밟지 않게 피하고 쫓아가면서 물었다.

"어떻게 몸을 닦아야 합니까?"

"그대의 얼굴은 변덕스럽고 눈은 튀어나왔으며, 이마는 높이 솟았고 입은 크게 벌어졌으며, 모습은 오만스러워서 달리는 말을 억지로 붙잡아 매어 놓은 것 같소. 움직일 준비가 되어 있어 나가기만 하면 날쌔고, 자세히 살펴서 지식과 기교에 있어서는 크게만 보여 모든 것이 불신不信을 낳게 하오. 그대 같은 사람이 변경에 있다면 도둑이라고 부를 것이오."

천지는 위대한 것이다

∴ 예부터 천하의 제왕들은 모두 천지의 도를 따랐다

옛날에 순舜임금이 요堯임금에게 물었다.

"그대가 마음을 씀은 어떤 것입니까?"

요임금이 대답했다.

"완강하여 사리에 어두운 백성을 업신여기지 않고, 가난한 백성을 버리지 않으며, 죽은 사람을 슬퍼하고, 고아를 귀여워해 주며, 과부를 불쌍히 여기는데, 이것이 나의 마음을 씀이오."

순임금이 말했다.

"훌륭하기는 하나 아직 위대하고는 말할 수 없습니다."

요임금이 물었다.

"그렇다면 어떻게 해야 하오?"

순임금이 대답했다.

"하늘의 덕으로 대지는 평안하고, 해와 달이 비추어 사계절이 운

행되며, 낮과 밤에 일정한 규칙이 있고, 구름이 일어 비가 내리는 것입니다."

요임금이 말했다.

"시끄럽게 소란만 피웠구먼. 그대는 하늘과 화합하고 있으나, 나는 사람과 화합하고 있소."

무릇 천지는 예부터 위대한 것이기 때문에 천하의 제왕이 모두 천지의 도를 따랐다.

삶이 있으면 죽음이 있다

∷ 사물은 저것이 아닌 것이 없고 이것이 아닌 것도 없다

사물은 저것이 아닌 것이 없고, 이것이 아닌 것도 없으니, 저것은 저것의 처지에서는 드러나지 않으나, 이것으로 알게 되면 곧 저것을 알게 된다.

그러므로 저것은 이것에서 나오고, 이것 또한 저것에서 비롯된다고 한다. 이는 이것과 저것이 함께 생겨난다는 말이다. 그러나 삶이 있으면 죽음이 있고, 죽음이 있으면 삶이 있다. 가可한 것이 있으면 불가不可한 것이 있고, 불가한 것이 있으면 가한 것도 있다.

또 옳음으로 말미암아 그릇됨이 있고, 그릇됨으로 말미암아 옳음이 있다. 그래서 성인聖人은 이와 같은 것에 따르지 않고 그것을 자연에 비추어 보는 것이며 이것 또한 옳음에 의한 것이다.

이것은 곧 저것이며 저것 또한 이것이고, 저것도 한 가지의 시비是非이며, 이것도 한 가지의 시비이다. 과연 저것과 이것이 있으며, 과

연 저것과 이것이 없는가? 저것과 이것의 상대적인 개념이 없는 것을 일컬어 도추道樞라고 한다.

중추로 있어야 원의 한가운데서 자리하며 끝없는 변화에 응할 수 있다. 옳음도 하나의 끝없는 변화이며, 옳지 않음도 하나의 끝없는 변화이다. 그러므로 밝은 지혜로써 해야 한다고 하는 것이다.

129

도에 따라서 행동하면 큰 명성이 따른다

∷ **만물에 맞서는 사람은 자기 몸은 물론 남들까지도 받아들이지 못한다**

　자기 마음 속에 지닌 본성에 맞는 행동을 하는 사람은 이름을 붙일 수 없는 도에 합치게 되며, 자기의 밖에 있는 것에 맞추어 행동하는 사람은 어떻게 해서든지 재물을 얻으려고 한다.

　도에 따라서 행동하는 사람에게는 언제나 큰 명성이 따르고, 수단과 방법을 가리지 않고 재물을 모으려는 사람은 장사치나 다름이 없다. 만물에 대해서 겸손한 사람에게는 만물이 저절로 따르지만, 만물과 맞서는 사람은 자기 몸조차 받아들이지 못한다.

　그러니 어떻게 남을 받아들일 수가 있겠는가. 그런 사람에게는 친한 사람이 없으며, 모두가 남일 뿐이다.

　남을 헤치는 물건 중에서는 뜻이 가장 잔인하니 큰칼도 뜻에는 미치지 못한다. 또한 재앙을 가져오는 것으로는 음양의 두 기운만한 것이 없다.

이 천지 사이에서 음양으로부터 달아날 곳은 어느 곳에도 없다.
그러나 음양의 두 기운도 그 자체가 사람을 해치는 것이 아니며, 그 근본에는 뜻이 작용하고 있는 것이다.

백성들에게 거짓을 배우게 해서는 안 된다

∴ 백성들에게 은혜를 베풀 때는 하늘이 베풀 듯이 하라

노나라의 애공哀公이 안합顔闔에게 물었다.
"과인이 공자를 중신으로 삼으면 나라가 다스려질 수 있겠소?"
이에 안합이 대답했다.
"그것은 몹시 위태롭습니다. 공자는 바야흐로 깃에 장식을 한데다 채색을 하고, 아름다운 문구를 늘어놓으며, 작은 일을 중요하게 여기고 백성들의 본성을 고쳐 보이나 백성들이 믿지 않는 것도 모르고 있습니다. 그는 공연히 몸과 마음을 지치게 만들어 잘잘못을 따지는 데에 사로잡혀 있으니 어떻게 백성들 위에 설 수가 있겠습니까? 그를 모르고 벼슬을 내린다면 어쩔 수 없는 일이나, 백성들에게 사실을 떠나 거짓을 배우게 한다면 그것은 백성들을 돌보는 것이 아닙니다. 그러므로 뒷날을 걱정하신다면 그만두는 것이 좋겠습니다. 백성들을 다스리기가 어렵다는 것은 그들에게 은혜를 베풀고 그것

을 잊지 않기 때문이며, 하늘이 베풀 듯이 하지 않기 때문입니다. 장사꾼은 따지지 않으니, 비록 일을 해서 따지더라도 정신은 바꾸지 않는 것입니다. 밖으로부터 받는 형벌은 쇠나 나무에 의한 것이고, 안으로부터 받는 것은 마음의 움직임과 지나침에 있습니다. 소인으로서 밖으로부터의 형벌에 처해지는 사람은 쇠나 나무로 만든 형구刑具로 형벌을 받고, 안으로부터 형벌에 처해지는 사람은 음양이 어울리지 못하여 병이 마음으로 침입하는 것이니, 이러한 밖과 안의 형벌을 면하는 사람은 오직 진인眞人이라야 가능합니다."

131

명분이 없는 상은 받을 필요가 없다

∴ 국법을 어기면서까지 큰 상을 받을 필요가 어디에 있는가

초나라의 소왕昭王이 오나라에게 나라를 잃었을 때 양을 잡는 열說이라는 사람이 소왕을 따라갔다. 그 뒤에 소왕이 다시 나라를 찾아 돌아와서 자기를 따랐던 모든 사람에게 상을 주게 되어 열도 그 속에 들어가 상을 받게 되었다. 그러나 이 때 열은 상을 거절하면서 이렇게 말했다.

"폐하께서 나라를 잃으셨을 때 신도 양을 잡는 직업을 잃었으나, 폐하께서 나라를 되찾으면서 신 또한 양을 잡는 직업을 되찾았으니, 상을 받을 까닭이 없습니다."

이에 소왕은 신하들에게 억지로라도 열에게 상을 주라고 명하자, 열이 다시 말했다.

소왕이 신하를 보내 자기가 직접 만나 보겠다고 전하자, 이번에도 역시 거절하면서 말했다.

"초나라 법에는 반드시 큰 상을 맏고 큰 공을 세운 뒤에야 폐하께서 직접 신하를 만나게 되어 있습니다. 그러나 신은 나라의 어려움을 구할 만하지도 못하고, 용기도 없어 적과 맞설 수도 없습니다. 오나라 군사가 영으로 쳐들어왔을 때 저는 난리가 두려워 적을 피한 것이지, 폐하에게 충성하려고 따라갔던 것이 아닙니다. 지금 폐하께서 국법을 어기시고, 나라의 약속을 깨뜨리면서까지 저를 만나려고 하시니, 이는 제가 세상 사람들로부터 욕을 얻어먹게 하는 것입니다."

이 보고를 받은 소왕은 사마인 자기에게 분부했다.

"열은 양을 잡는 천한 일을 하면서도 의리를 지키려고 하니 그 태도가 마음에 든다. 그대는 과인을 대신하여 열을 불러다가 정승의 벼슬을 주도록 하라."

그러나 열은 끝내 정승의 벼슬도 사양하고 받지 않았다.

성인은 가볍게 움직이지 않는다

:: 참된 도로써 몸을 기르고 그 나머지로 나라를 다스리며 천하를 다스린다

노나라 임금은 안합顔闔이 도를 얻은 사람이라는 말을 듣고 그를 데려오게 하였다.

이에 신하가 폐백을 들고 안합의 누추한 집을 찾아가니, 이 때 안합은 베옷을 입고 소에게 여물을 손수 먹이고 있었다.

연합을 만난 신하가 그에게 물었다.

"여기가 안합의 집입니까?"

"그렇소. 이 집은 내 집임이 틀림없소."

신하가 폐백을 건내려고 하자 안합이 말했다.

"아마 임금의 말을 잘못 들었을 것이오. 당신이 죄를 씻지 않을까 걱정되니 좀더 확실히 알아보는 것이 좋을 것 같소."

이에 신하가 궁궐로 돌아가서 확실히 알아본 뒤에 다시 와 보니 안합은 어디로 사라졌는지 만날 수가 없었다. 안합은 부귀를 진실로

싫어했기 때문에 자취를 감춘 것이었다.

　말하기를 '참된 도로써 몸을 기르고, 그 나머지로 나라를 다스리고, 거기에서 남은 찌꺼기로 천하를 다스린다' 고 하였다. 이렇게 볼 때 제왕의 공적은 성인의 나머지 일이며, 몸을 온전히 하고 생명을 기르는 것은 아니다. 이른바 군자가 몸을 위태롭게 하고 삶을 버려서 재물을 위해 몸을 죽인다면 어찌 슬픈 일이 아니겠는가?

　대체로 보아서 성인의 행동은 반드시 무엇을 할 것인가와 어떻게 할 것인가를 미리 알고 난 뒤에 시작한다. 어떤 사람이 임금의 구슬로 높은 곳에 앉아 있는 새를 맞혔다면 모든 사람들이 틀림없이 비웃을 것이다. 왜냐하면 임금의 구슬은 소중한 것이고 바라는 것은 구슬보다 덜 소중하기 때문이다.

133

사람의 판단은 상대적이다

:: 행동은 문란하더라도 어진 사람을 보면 대접은 극진하다

공자가 어느 날 태사太史인 대도와 백상건伯常騫, 시위에게 물었다.

"위衛나라 영공靈公은 술이나 마시고 향락에 젖어서 나랏일은 돌보지 않고, 날마다 사냥으로 세월을 보내면서 제후들과의 교제에도 모른 척했는데, 그가 죽은 뒤에 영공이라는 시호諡號를 올린 것은 무슨 까닭에서인가?"

대도가 대답했다.

"무도舞道하기 때문입니다."

이어서 백상건이 말했다.

"영공은 세 아내를 거느리고 있는데, 모두 함께 목욕낭에 들어가서 목욕을 할 정도였으나, 사후가 왕의 부름을 받고 오면 자리를 쓸게 하고 부축해서 맞이했다고 합니다. 또한 세 부인들도 왕과 함께 목욕할 정도로 문란하지만, 어진 사람을 만나면 엄숙하게 대접했답

니다. 그런 까닭으로 하여 영공이라는 시호를 올린 것입니다."

그러자 시위가 나섰다.

"영공이 죽었을 때 조상의 무덤이 있는 곳에 묻으려고 점을 쳤더니 좋지 않다고 했으므로, 모래 언덕에 묻으려고 점을 쳤더니 좋다고 하여 그 곳을 몇 길이나 파들어가니 그 밑에서 석곽石槨이 나왔습니다. 이에 석곽을 잘 닦았더니 거기에 '자손들에게 의탁할 수가 없다. 영공이 이 자리를 빼앗아 묻히리라' 하는 글이 써 있었습니다. 이것으로 미루어 영공에게 그런 시호를 올릴 만한 까닭이 있었던 것인데, 저 두 사람이야 그런 사연을 어떻게 알 수가 있었겠습니까?"

도를 얻는 사람과 세속적인 사람

∷ 해가 뜨면 나가서 일하고 해가 지면 쉬면서 즐거움을 얻는다

요임금이 천하를 허유에게 양보하자 이를 받지 않으므로, 자주지백子州支伯에게 천하를 양보하자 그가 말했다.

"나는 마침 우울병이 있어서 그 병을 고치고 있기 때문에 천하를 다스릴 겨를이 없습니다."

천하는 중대한 것이기는 하나 생명과 바꿀 수는 없는 것이기에 거절했는데, 이것이 도를 얻은 사람과 세속적인 사람과의 차이이다.

순임금이 이번에는 선권善卷에게 천하를 양보하자 선권이 말했다.

"나는 우주 가운데서 서서 겨울에는 가죽옷을 입고, 여름에는 베옷을 입으며, 봄에는 밭을 갈아 씨를 뿌려서 몸이 노동하기에 알맞고, 가을에는 곡식을 거두어들이니 몸이 쉬고 먹기에 모자람이 없습니다. 해가 뜨면 나가서 일하고, 해가 지면 쉬면서 나의 즐거움을 얻는데, 천하가 왜 필요하겠습니까?"

    선권은 천하를 받지 않고 그곳을 떠나 깊은 산으로 들어가 몸을 감추었다.

    순임금이 다시 석호 땅에서 농사를 짓는 친구에게 천하를 양보하자 친구는 순임금이 덕이 아직 지극하지 못하다고 생각하며 말했다.

    "그대는 사람됨이 있는 힘을 다하는 선비로다."

    친구는 이 말을 순임금에게 들려 주고 아내와 자식들을 데리고 섬으로 들어가서 일생을 마쳤다.

삶의 지혜와 위안을 얻는 인생의 지침서
장자의 지혜

- 초판 1쇄   2014년 10월 20일 인쇄
- 초판 2쇄   2016년 01월 15일 인쇄

- 엮 은 이   유인태
- 펴 낸 이   박효완
- 펴 낸 곳   아이템북스
- 디 자 인   김영숙

- 출판등록   2001년 8월 7일 제2-3387호
- 주   소   서울특별시 마포구 서교동 444-15
- 전   화   02-332-4337
- 팩   스   02-3141-4347

※ 파본이나 잘못된 책은 교환해 드립니다.